MEDITATION

MEDITATION

In zwölf Stufen zu mehr Gelassenheit und innerer Kraft

SIVANANDA YOGA VEDANTA ZENTRUM

Titel der Originalausgabe: *Sivananda Compassion to Meditation*,
erschienen bei *Gaia*, einem Verlag der *Octopus Publishing Group*
Ltd, London

Translation Right arranged with
Octopus Publishing Group Ltd, London

Übersetzung: Berliner Buchwerkstatt, Martin Rometsch
Redaktion: Berliner Buchwerkstatt, Vera Olbricht
Gestaltung und Satz: Berliner Buchwerkstatt, Ulrike Sindlinger
Fotos: Sam Scott-Hunter, Paul Forrester
Layout und Bildbearbeitung: Bridget Morley
Umschlaggestaltung: Rosi Weiss
Umschlagfotos: Martina Kamphausen

Hans-Nietsch-Verlag
Postfach 2 28
79002 Freiburg

www.nietsch.de
info@nietsch.de

ISBN 978-3-939570-55-4

INHALT

Für Swami Vishnu-devananda und für die Acharyas
der Internationalen Sivananda-Yoga-Zentren
(Mitglieder des Leitungsgremiums) für ihre Unterstützung
und Ermutigung beim Schreiben dieses Buches

Regelmäßiges Meditieren macht den Geist
klar und das Bestreben rein.
Das Unbewusste gibt verborgenes Wissen frei,
sodass wir uns und unsere Beziehung
zur Welt besser verstehen.
Die begrenzte Persönlichkeit löst sich
langsam auf und weicht
einem erweiterten Bewusstsein.
Schließlich wird das Überbewusste,
die Intuition, frei und ermöglicht uns
ein Leben in Weisheit und Frieden.

SWAMI VISHNU-DEVANANDA

VORWORT

Meditation ist der Kern des Yoga, sein wichtigstes Werkzeug und sein höchstes Ziel. Dieses Buch beschreibt die Meditation des klassischen Yoga, den man *Raja Yoga* nennt. Sie ist uralt und wurde von einer Generation an die nächste, von Lehrern an ihre Schüler weitergereicht, ohne dass die Kette je brach. Dieses Buch will das Interesse an der zeitlosen Kunst der Meditation wecken und die Leser mit einer bewährten spirituellen Tradition – wahrscheinlich ist sie die älteste der Welt – vertraut machen.

Die Wissenschaft des Raja Yoga ist ein weites, komplexes Feld. In diesem Buch geht es um den klassischen Raja Yoga im Lichte der unmittelbaren Erfahrung eines der größten Yogameister unserer Zeit, Swami Sivananda, und eines seiner engsten Schüler, Swami Vishnu-devananda. Beide haben ihr Leben der Aufgabe geweiht, den Yoga allen Menschen zugänglich zu machen. Sie stellen den komplizierten Yoga in einfachen Worten dar und machen ihn mit Beispielen, Geschichten und Anekdoten aus dem Alltag lebendig. So wird Yoga klar, verständlich und entschieden praktisch. Beide haben es nie zugelassen, dass die Lehre verwässert wird. Swami Vishnu-devananda, den sein Meister Ende der fünfziger Jahre des 20. Jahrhunderts in den Westen schickte, um Yoga zu lehren, kämpfte sein Leben lang für die Reinheit und Tiefe des Yoga, wie er ihn von seinem Lehrer im Himalaja empfangen hatte. Schlichtheit und Echtheit sind der Genius dieser beiden großen Lehrer und die Erklärung für ihren Erfolg im Osten wie im Westen.

Wir hoffen, dass diese kurze Geschichte des Lebenswerks von Swami Vishnu-devananda verdeutlicht, in welchem Geist er den Auftrag erfüllte, die sein Lehrer ihm erteilte. 1957 sagte Swami Sivananda zu ihm: »Geh nach Westen. Die Menschen warten.« Mit dieser einzigen Anweisung, einem Zehn-Rupien-Schein in der Tasche, tiefem Vertrauen zu seinem Lehrer und unbeugsamer Willenskraft verließ Swami Vishnu-devananda den Aschram (Ort der Meditation) in Rishikesh, Nordindien, und begab sich auf eine lange Reise nach Sri Lanka, Indonesien, Japan, Hongkong und schließlich in den Westen. Überall verbreitete er das Wissen vom Yoga und bewegte viele Menschen durch seine Begeisterung und unerschöpfliche Energie.

Im Herbst 1957 kam er in San Francisco an und erklärte einem misstrauischen Beamten der Einreisebehörde, er wolle in den USA Yoga unterrichten. Schließlich ließ der Beamte ihn einreisen – nachdem der junge Yogi ihm auf seinem Schreibtisch eindrucksvoll die Ganze Heuschrecke (eine Yogastellung für Fortgeschrittene) vorgeführt hatte! So begann eine Geschichte, die 35 Jahre dauerte. In dieser Zeit gründete Swami Vishnu-devananda das Sivananda Yoga Vedanta Zentrum, eine der größten Yoga-Organisationen der Welt mit mehr

Gruppenmeditation im Aschram Sivananda Yoga Dhanwantari in Kerala, Südindien. Die Gruppenmeditation beeinflusst den Meditierenden stärker als eine individuelle Meditation.

als 40 Zentren und Aschrams. 1959 schrieb er *The Complete Illustrated Book of Yoga*, das seither über eine Million Mal verkauft wurde und heute ein Klassiker ist. 1969 gründete er die True World Order (Wahre Weltordnung), eine internationale Organisation, die für den Weltfrieden und nationale, religiöse und kulturelle Toleranz eintritt. Der Swami lernte, ein kleines Flugzeug zu steuern, und unternahm viele Friedensmissionen in Krisengebiete, wobei er sein Leben aufs Spiel setzte. Er warf Blumen und Flugblätter über umkämpften Gebieten und umstrittenen Grenzen ab. Seine Flüge führten ihn 1971 nach Belfast, Sues und Westpakistan, und 1983 überflog er die Berliner Mauer von Westen nach Osten.

Im Jahr 1969 begann Swami Vishnu-devananda mit dem ersten Kurs für Yogalehrer im Westen. Seither wurden viele tausend Lehrer ausgebildet. 1979 schrieb er sein zweites Buch, *Meditation and Mantras.* Es sollte »die Verwirrung beseitigen, die rund um das Thema Meditation entstanden ist«. In dieses Buch goss er all sein Wissen über die uralte Wissenschaft der Meditation, der Mantras und der vier klassischen Yogapfade *Jnana Yoga* (Yoga des Wissens), *Bhakti Yoga* (Yoga der universellen Liebe), *Raja Yoga* (Yoga der Selbstmeisterung) und *Karma Yoga* (Yoga des selbstlosen Handelns).

Nach einem außergewöhnlichen und ereignisreichen Leben voller Hingabe an seine Mission verließ Swami Vishnu-devananda 1993 in Indien seinen Körper. Er hatte den Yoga im Westen verbreitet und im Land seines Ursprungs neu belebt. Die Internationalen Sivananda Yoga Vedanta Zentren auf der ganzen Welt setzen sein Werk fort und lehren Yoga im gleichen Geist der Reinheit und Einfachheit.

Die Sivananda Yoga Vedanta Zentren unterrichten Anfänger und Fortgeschrittene seit über 35 Jahren in der Meditation und haben eine beispiellose Erfahrung darin, Menschen mit ernsthaftem Interesse, aber begrenztem Wissen in diese komplexe Wissenschaft einzuführen. Da Yoga immer populärer wird, brauchen wir ein klares, einfaches Buch, das sich ganz auf die Meditation konzentriert.

Dieses Buch will die Meditation jenen Menschen vorstellen, die darüber wenig oder nichts wissen, und es will ihnen helfen, mit dem Meditieren zu beginnen. Es beschreibt die Meditation jedoch nicht als isolierte Technik und Patentlösung für den Stress unseres täglichen Lebens, sondern als wichtigste von mehreren Methoden, die zusammen eine Lebensweise bilden. Die Herausforderung bestand darin, die Meditation als einfache und wirksame Methode darzustellen, um innere und äußere Harmonie zu erlangen. Gleichzeitig werden die Leser sanft zu der Erkenntnis geführt, dass der Erfolg der Meditation vom Üben abhängt.

In diesem Buch geht es nicht um die tiefgründige Philosophie, die der Meditation zugrunde liegt. Fortgeschrittene verweisen wir auf Swami Vishnu-devanandas Buch *Meditation and Mantras*, das in den Sivananda Yoga Vedanta Zentren erhältlich ist (siehe Seite 152).

WIE SIE DIESES BUCH NUTZEN KÖNNEN

Wir empfehlen, zunächst das ganze Buch durchzublättern, um einen Überblick zu bekommen. Der Beginn einer bedeutsamen Aktivität ist immer aufregend. Zuerst brauchen Sie einen heiligen Ort für Ihre Meditation. Seien Sie kreativ, damit er schlicht und doch schön wird; dann ist es eine Freude, dort täglich zu sitzen und zu üben.

Nehmen Sie sich vor, die Meditation sechs Monate lang auszuprobieren. Legen Sie fest, wann Sie jeden Tag meditieren, und halten Sie sich strikt daran. Kosten Sie das Gefühl aus, ein neues Abenteuer zu erleben: Sie treten eine Reise an, die faszinierender und herausfordernder ist als alle anderen und die Sie zurück zu Ihrem wahren Selbst führt. Also feiern Sie, und seien Sie dankbar für diesen Wunsch und diese Inspiration. Es ist ein Segen, wenn ein Mensch den Willen hat, sein Leben zu läutern und sein Bewusstsein zu erweitern.

Führen Sie ein spirituelles Tagebuch, und halten Sie darin Ihre Fortschritte fest. Notieren Sie, wie lange Sie meditieren, wie konzentriert Sie sind, welche Gedanken am lästigsten sind und welche sonstigen Probleme auftreten.

Nach einigen Monaten sollten Sie überlegen, wie die Meditation Ihr Leben verändert hat. Lesen Sie Kapitel zwei (»Die yogische Lebensweise«) noch einmal. Sind weitere positive Änderungen möglich? Sollten Sie gesünder essen, weniger fernsehen, früher aufstehen, sich regelmäßig bewegen, mehr Zeit in der Natur verbringen?

Sobald Sie sich ans Meditieren gewöhnt haben, können Sie zum Abschnitt für Fortgeschrittene übergehen. Denken Sie über Kapitel acht (»Die Kunst des rechten Lebens«) nach, und lesen Sie erneut Kapitel vier (»Die Kunst des positiven Denkens«). Die Persönlichkeit ändert sich nur, wenn wir unser Bewusstsein erweitern; ein bloßer Wechsel der äußeren Umstände genügt nicht. Sie müssen also auch die Qualität Ihres Denkens verbessern.

An diesem Punkt brauchen Sie wahrscheinlich einen Lehrer. Es ist nicht leicht, die eigenen Denkgewohnheiten zu durchschauen, und Sie brauchen die Anleitung und Ermutigung eines erfahrenen Lehrers, um genügend Bescheidenheit, Mut und Entschlusskraft aufzubringen.

Denken Sie immer an Swami Sivanandas »dreifache Geheimformel« für den Erfolg im Yoga und in der Meditation: »Übung, Übung und … Übung!«

Wenn dieses Buch Ihr Interesse an der inneren Suche weckt und Sie auf Ihren Weg führt, hat es seinen Zweck erfüllt. Wir wünschen Ihnen Kraft, Inspiration und Freude auf der Reise. Möge der Segen der alten und heutigen Yogis mit Ihnen sein!

DAS SIVANANDA YOGA VEDANTA ZENTRUM

EINFÜHRUNG

Die Wissenschaft der Meditation ist eine universelle Tradition, die tausende von Jahren vor der modernen Zivilisation entstand. Dennoch wurde sie unverändert von einer Generation an die nächste weitergereicht. Sie hat ihre ursprüngliche Form behalten, weil ihr einfacher Rahmen jene Hauptlehren und -methoden einschließt, die Grundlage aller bekannten Philosophien, Religionen und Lehren sind. Meditation ist ihrer Definition nach transzendent. Dieses Wort vermittelt etwas von ihrer Schönheit, die Furcht, Verlangen, Sehnsüchte und negative Gefühle auslöst.

Viele Menschen meditieren – nicht weil sie sich in einer Höhle im Himalaja vor der Gesellschaft verstecken wollen, sondern weil sie sich unerfüllt und leer fühlen. Stress, Angst, Enttäuschung und Niedergeschlagenheit spielen in ihrem Leben eine viel zu große Rolle. Sie spüren Unruhe und Unzufriedenheit mit ihrem Alltag und haben den vagen Eindruck, dass die westliche Gesellschaft ihre Suche nach Glück, Frieden und Zufriedenheit nicht unterstützt. Manche wissen nicht genau, was Meditation bewirkt; doch sie wissen, dass sie die Hochspannung und das hektische Auf und Ab des technischen Zeitalters dämpfen kann.

Aber Meditation kann noch viel mehr. Sie lehrt uns, dass jeder Mensch eine Kraft, eine Energie, einen inneren Frieden und eine Weisheit besitzt, die er anzapfen kann, sobald er davon weiß. Diese Kraft inspiriert, ermutigt und stärkt alle, die sich positiv entwickeln wollen. Es kann sein, dass Sie diese innere Quelle nicht kennen oder falsche Ansichten über sie hegen. Vielleicht gleichen Sie dem indischen Bauern, der in ein Stadthaus zog und in der Dunkelheit lebte, weil er mit den seltsamen Steckdosen in den Wänden nichts anfangen konnte. Die Kraft, das Licht, ist da; wir brauchen nur den Kontakt herzustellen. Die Quelle der Weisheit ist das Selbst. Das Selbst ist nicht der Körper und nicht der Geist, sondern jener Aspekt tief im Inneren, der die Wahrheit kennt. Er wohnt in jedem Wesen und ist dennoch unabhängig. Manche nennen ihn kosmisches Bewusstsein, Heiligen Geist, universellen Geist, Liebe, höchsten Frieden, das Absolute; bei anderen heißt er Buddha, Christus, Allah, Brahma, Gott ... Es gibt viele Namen und Wege, aber es gibt nur ein höchstes Bewusstsein, das alles Leben durchdringt. Der Verstand kann dieses Selbst niemals ergründen, und es ist unmöglich, das Grenzenlose intellektuell zu definieren oder zu beschreiben. Wir können nur durch unmittelbare Erfahrung Wissen darüber erlangen. Wenn wir längere Zeit meditieren, können wir den nach außen strebenden Geist beruhigen, die Intuition fördern und den Teil des höchsten Bewusstseins berühren, der in allem ruht. Dieser Prozess bringt uns Frieden, Mitgefühl, Freude und Einsicht. Yoga vergleicht den Geist mit einem See, wobei die Wellen unsere Gedanken und Gefühle symbolisieren. Wenn die Wellen sich legen, ist der See still, und wir sehen die kostbaren Juwelen, die stumm auf dem Grund funkeln.

Die erste Lektion, die wir lernen, wenn wir zu meditieren beginnen – denn das ist ein Prozess –, lautet: Schau in deinen Geist. Viele halten das für schwer, und die westliche Psychologie lehrt uns, das Denken und Verhalten anderer zu studieren, um uns selbst zu verstehen. Der Yoga erklärt dagegen, dass wir andere in Ruhe lassen sollen, damit wir uns ganz auf uns selbst konzentrieren können. Um Frieden zu finden, müssen wir zuerst Frieden in uns selbst schaffen. Es geht also darum, unsere innere Welt in den Griff zu bekommen.

Was finden wir, wenn wir nach innen schauen? Wir finden einen Geist, der ständig mit sich selbst redet und von einem Gedanken oder Gefühl zum nächsten springt, zu unaufhörlicher Bewegung gezwungen, vor diesem fliehend und nach jenem strebend. Dieser Geist verhindert, dass wir uns konzentrieren und still werden. Wir sehnen uns nach Frieden, doch wir blicken fälschlicherweise nach außen und suchen Zuflucht bei Drogen, Alkohol, Zigaretten, Fernsehen, üppigem Essen, langem Schlaf oder Arbeitssucht – in der Hoffnung, den Geist zu beruhigen. Unbewusst haften wir an einem nie endenden Kreislauf des Verlangens und sind unserem Ziel, dem Frieden, ferner denn je.

Meditation ist die Kunst, den Geist zu bremsen und zu bündeln. Sie ist der siebte Schritt des achtfachen Yogapfades, den man *Raja* Yoga nennt und der die vollständige Herrschaft über Körper und Geist zum Ziel hat. Meditation (im Sanskrit Dhyana) ist ein Bewusstseinszustand und daher schwer zu beschreiben. Die großen indischen Rishis (Weisen) vergleichen den meditativen Zustand mit dem stetigen Fluss des Öls, das man aus einer Kanne in die andere gießt. Da ist Bewegung, aber es ist die Bewegung des natürlichen Bewusstseinsstromes, der nicht von den Gedanken und Wünschen unterbrochen wird, die uns normalerweise durch den Kopf gehen. Da ist keine Leere (obwohl viele diesem Missverständnis unterliegen), sondern die Fülle des reinen Bewusstseins, das Substrat hinter dem Geist und der Urgrund jeder Existenz.

Aus der Stille des Geistes erwächst die Erkenntnis, dass wir schon besitzen, was wir vergeblich draußen suchen: selbstlose Liebe, die wahre Quelle der Glückseligkeit. Swami Sivananda zufolge ist dieser natürliche Zustand unser Geburtsrecht, auf das wir verzichtet haben, weil wir falsch denken und handeln. Um unsere wahre Natur wieder zu finden, müssen wir uns an die ewigen, universellen Gesetze der Gesundheit und Harmonie halten, um die Bedingungen für die Meditation zu schaffen.

Das gelingt jedoch nur, wenn wir wissen, wie unser Denkapparat arbeitet und was wir zum Meditieren brauchen. Über Meditation ist viel gesagt und geschrieben worden; aber man braucht Jahre, um sie zu verstehen. Man kann sie ebenso wenig lehren wie den Schlaf. Mancher hat eine bequeme Matratze und ein warmes, stilles Zimmer und kann dennoch nicht einschlafen. Wir können dem Schlaf nicht befehlen. Wir schlafen einfach ein. Auch die Meditation kommt von selbst, sofern der Geist still ist. Um still zu werden, müssen wir täglich üben, denn Stille kommt nicht von selbst. Sobald wir gelernt haben, den Geist eine Weile zu konzentrieren oder zu bündeln und die Gedankenwellen zu stillen, sind die Bedingungen günstig, und wir sinken mühelos in den meditativen Zustand. Der sechste Schritt im Raja Yoga ist Dharana, Konzentration, und die Weisen verbringen viel Zeit damit zu erklären, dass die Konzentration eine unabdingbare Voraussetzung für die Meditation ist.

Die meisten Menschen haben große Schwierigkeiten, wenn sie zu meditieren beginnen: Der Geist ist unkonzentriert, die Gedanken sind negativ. Wir sind vielleicht niedergeschlagen oder aufgrund einer unausgewogenen Lebensweise erschöpft. Darum müssen wir zunächst versuchen, uns langsam aus diesem negativen Zustand zu befreien. Wir beginnen, unsere Lebensweise zu ändern, und erlauben den Nerven, sich zu beruhigen. Und allmählich bauen wir ein klares, positives Lebensziel auf. So bekommen wir den Geist nach und nach in den Griff und entwickeln die Fähigkeit, seine Strahlen bewusst zu bündeln und auf einen einzigen, positiven Gedanken zu richten.

Dieses Buch zeigt, wie wir ungesunde und sinnlose geistige Zustände hinter uns lassen und ein erfülltes, spirituelles und frohes Leben führen. Die Reise ist lang und beschwerlich. Darum brauchen wir Geduld, Ausdauer und Zähigkeit.

Anfangs sind wir uns des inneren Widerstandes gegen Veränderungen nicht bewusst, der tief in einem Teil des Geistes verwurzelt ist. Erst wenn wir mit dem Aufräumen anfangen, wird uns klar, wie unordentlich ein Zimmer ist. Das Gleiche gilt für den Geist. Vielleicht sehen wir die dicke Staubschicht nicht, und deshalb befallen uns Zweifel, wenn wir beginnen. Diese Zweifel sind ein Trick des Geistes: Er will uns davon abhalten zu üben, damit wir wieder in den unbewussten Zustand zurückfallen. Aber davon dürfen wir uns nicht beirren lassen, raten die Meister. Sie drängen uns, mit doppelter Energie weiterzumachen, denn die Meditation muss zu einem Teil des Lebens werden, so wie das Essen und der Schlaf. Die Meister wollen, dass wir ihnen vertrauen und daran glauben, dass wir den Geist schulen können, bis er seine Energie sammelt, nach innen lenkt und die tiefen Teile des Selbst erleuchtet. Erst dann sind wir uns der Welt und unseres Selbst bewusst. Meditation führt uns zu unserem wahren Wesen, zu einem Zustand vollständiger und spontaner Entspannung, Unschuld und Glückseligkeit.

TEIL I
DER ANFANG

KAPITEL EINS

MEDITATION IN DER PRAXIS –
EIN LEITFADEN IN 12 SCHRITTEN

Wie bereits erwähnt, würde Swami Vishnu-devananda sagen, dass es
unmöglich ist, jemandem das Meditieren beizubringen, so wie es
unmöglich ist, jemanden das Schlafen zu lehren. Wir schlafen nur ein,
wenn der Geist aufhört, Probleme zu wälzen. Wir können auch die
Meditation nicht erzwingen; doch im Gegensatz zum Schlaf ist sie ein
bewusster Zustand. Wir brauchen eine gewisse Willenskraft, um
im Zustand des höheren Bewusstseins zu verharren, der sich einstellt,
wenn wir meditieren. Gleichzeitig müssen wir uns entspannen und
alle Erwartungen und Wünsche loslassen. Dieses subtile Gleichgewicht zwischen der Anstrengung, die wir brauchen, um konzentriert
zu bleiben, und dem Verzicht auf Ablenkungen ist die Kunst der
Meditation. Wir lernen, den Geist mühelos zu bündeln und ihn
dennoch so zu beherrschen, dass wir nicht in Träumereien abgleiten.
Um diesen Zustand der entspannten Bewusstheit zu erlangen,
müssen wir uns vorbereiten, und es gibt mehrere Schritte, die uns
dabei helfen. Vergessen Sie nicht, dass Meditation ein Prozess ist
und somit Zeit braucht. Seien Sie geduldig und sanft zu Ihrem Geist,
erwarten Sie keine Wunder. Je besser Sie vorbereitet sind, desto
besser ist das Ergebnis.

1 DER PLATZ

Es ist am besten, wenn Sie einen besonderen Platz für die Meditation haben. Falls das nicht möglich ist, können Sie einen Teil eines
Zimmers für die Meditation reservieren. Er sollte sauber und auf-
geräumt und frei von ablenkenden Schwingungen und Erinnerungen
sein. Betreten darf ihn nur, wer ihn als heilig respektiert.

Der Platz der Konzentration

Als symbolische Mitte des Zimmers eignet sich eine Kerze auf einem
kleinen Tisch. Noch besser ist eine kleine Öllampe, denn Licht ist
ein starkes spirituelles Symbol.

*Ein Meditationsschal aus Baumwolle
und ein schlichter Teppich
oder eine Matte zum Sitzen
verstärken die ruhige Atmosphäre,
wenn Sie meditieren.*

Starren Sie in die ruhige Flamme, ehe Sie mit der Meditation be-
ginnen. Dadurch bündeln Sie den Geist und richten ihn nach innen.
Hier handelt es sich im Grunde um eine Konzentrationsübung (siehe
Seite 63–65). Eine Blume oder Vase verbessert die Atmosphäre.
Wenn Sie morgens und abends Räucherwerk verbrennen, reinigen
Sie die Energie des Raumes gründlich. Verwenden Sie natürliches
Räucherwerk (ohne Chemikalien), zum Beispiel Sandelholz, das den
Geist beruhigt. Ebenfalls geeignet sind Rose oder Weihrauch.

Wenn Sie religiös sind, können Sie ein Bild oder ein spirituelles
Symbol aufstellen, etwa das OM-Symbol, ein Kreuz, den Davidstern
oder ein Bild von Krishna, der göttlichen Mutter oder des Buddha.
Entscheidend ist, dass es Ihr Herz und Ihre Seele anspricht und Ihnen
hilft, sich nach innen zu wenden, weg von weltlichen Dingen. Die
mächtigen Schwingungen, die durch wiederholtes Meditieren entstehen, bleiben im Raum und erzeugen eine magnetische Aura.
Innerhalb von sechs Monaten werden der Frieden und die Reinheit
der Atmosphäre fast greifbar. Setzen Sie sich hin, wenn Sie unter
Stress stehen, meditieren Sie eine halbe Stunde, und genießen Sie
Trost und Erleichterung.

Die Reinigung des Meditationsraumes

Fortgeschrittenen empfehlen wir eine Übung namens *Arati*
(siehe Seite 105).

Die Blickrichtung

Setzen Sie sich auf eine saubere Matte (eine gefaltete Wolldecke
oder Baumwollmatte eignen sich vorzüglich dafür), und blicken Sie
nach Norden oder Osten, um von den günstigen magnetischen
Schwingungen zu profitieren. Diese Richtungen fördern die spirituelle
Konzentration am stärksten.

Meditation in der Natur

Es liegt nahe, dass eine natürliche Umgebung sich besser für die
Meditation eignet als eine Großstadt, wo Lärm, Verkehr, Elektrosmog

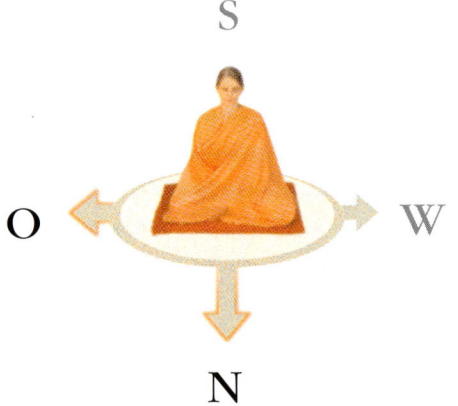

*Wenden Sie sich nach Norden,
um von den günstigen magnetischen
Schwingungen zu profitieren.*

Swami Sivananda in der Meditation

und die enorme Stressbelastung Ihrer Mitmenschen Ihnen die Konzentration erschweren. Nutzen Sie also jede Gelegenheit, in der Natur zu meditieren – am Strand mit dem Gesicht zum Meer, an einem friedlichen Flussufer, unter einem Baum, auf einem Berg oder vor der auf- oder untergehenden Sonne. Wenn Sie in der Stadt meditieren müssen, können Sie dennoch einen geschützten und heiligen Ort schaffen, und es ist auf jeden Fall besser, in der Stadt zu meditieren, als gar nicht!

2 DIE ZEIT

Die Meditation ist in der Morgen- oder Abenddämmerung am wirksamsten. Dann ist die Luft mit einer besonderen spirituellen Energie geladen. Die beste Zeit ist *Brahmamuhurta* zwischen vier und sechs Uhr morgens. In diesen ruhigen Stunden nach dem Schlaf sind der Geist und die Atmosphäre klar und noch nicht aufgewühlt von den täglichen Aktivitäten. Erfrischt und frei von weltlichen Dingen, können Sie sich mühelos konzentrieren. Wenn das nicht möglich ist, sollten Sie sich vor dem Alltag zurückziehen und den Geist beruhigen. Der Abend – gegen Sonnenuntergang oder vor dem Schlafengehen – ist ebenfalls eine gute Zeit. Wenn der Geist auf Höheres eingestimmt und frei von den Spannungen ist, die sich während des Tages ansammeln, sinken Sie nach dem Meditieren schnell in tiefen Schlaf. Achten Sie immer darauf, dass nichts und niemand Sie stört.

3 MEDITATION ALS GEWOHNHEIT

Es ist wichtig, regelmäßig und immer zur selben Tageszeit zu meditieren. Das Unbewusste muss sich daran gewöhnen, mühelos still und achtsam zu werden. Beginnen Sie mit 15 bis 20 Minuten, und steigern Sie sich allmählich auf bis zu 60 Minuten. Wenn Ihnen das nicht gelingt, versuchen Sie es mit 30 Minuten am Tag. Es ist besser, täglich 30 Minuten zu meditieren, als einmal wöchentlich zwei Stunden.

Selbst auf Reisen sollten Sie jeden Tag meditieren. Sobald es zur Gewohnheit wird, verspüren Sie jeden Morgen das Bedürfnis zu

Während der Dämmerung ist die Luft mit einer besonderen spirituellen Energie geladen. Dies ist die ideale Zeit zum Meditieren.

meditieren, und wenn die Umstände Sie daran hindern, ist Ihnen unbehaglich zumute, als hätten Sie sich nicht gewaschen. Sie werden bald merken, dass die Meditation eine geistige Reinigung ist, eine Voraussetzung für geistige Klarheit, und Sie werden keinen einzigen Übungstag verpassen wollen.

4 DIE SITZHALTUNG

Meditieren Sie in einer bequemen und stabilen Sitzhaltung und mit geradem, aber nicht verspanntem Hals und Rücken. Die Lebenskraft muss ungehindert von der Basis der Wirbelsäule bis zum Scheitel fließen, damit sie den Geist beruhigen und die Konzentration fördern kann. Eine bequeme Haltung mit gekreuzten Beinen ist stabil; aber der klassische Lotossitz (Padmasana) ist nicht notwendig. Sie können auch im halben Lotossitz (Siddhasana) meditieren oder die Beine auf andere Weise übereinander schlagen. Ein Sitzkissen hilft, die Oberschenkel zu entspannen und die Knie dem Boden zu nähern. In diesen Sitzhaltungen entsteht ein dreieckiger Energiestrom – die Energie wird nicht in alle Richtungen zerstreut, sondern gebündelt. Stoffwechsel und Atmung verlangsamen sich, wenn die Konzentration tiefer wird.

Ältere oder behinderte Menschen können auf einem Stuhl sitzen und die Knöchel kreuzen. Es ist nicht ratsam, im Liegen zu meditieren, weil Sie dabei leicht einschlafen. Eine gewisse Muskelspannung ist notwendig, um aufrecht und wach zu bleiben. Lockern Sie den Rest des Körpers so gut wie möglich, vor allem die Gesichts-, Hals- und Schultermuskeln. Der Brustkorb bleibt weit, die Rippen sind etwas angehoben, um die Bauchatmung zu erleichtern.

Für die Hände gibt es mehrere geeignete Haltungen:

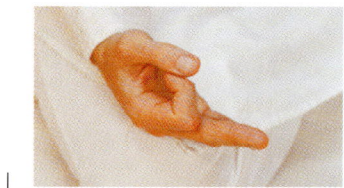

1

1 Auf den Knien im Chin-Mudra.

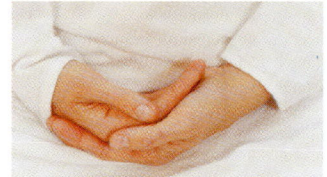

2

2 Die rechte Hand in der gewölbten linken, die Handflächen zeigen nach oben.

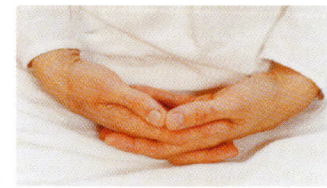

3

3 Die Finger locker verschränkt.

Siddhasana, der halbe Lotossitz

Padmasana, der volle Lotossitz

*Sukhasana, die einfache Haltung
mit gekreuzten Beinen*

*Mit geradem Rücken und
gekreuzten Knöcheln auf einem Stuhl*

Anfangs fällt es Ihnen vielleicht schwer, länger als ein paar Minuten aufrecht zu sitzen. Wenn Sie nur 30 Minuten täglich *Asanas* (Yogastellungen) üben, wird der Rücken stärker, und Sie können lange bequem sitzen, ohne zu ermüden. Das ist nach den klassischen Schriften der Zweck der Asanas. Patanjali, der Verfasser der wichtigsten Abhandlung über Raja Yoga, empfiehlt eine Meditationshaltung, die *sukham sthiram* (angenehm und stabil) ist. Swami Sivananda sagt, man solle sich äußerlich stabil wie ein Berg fühlen und innerlich wie Honig fließen.

Der Körper fühlt sich wohl und braucht keine Zuwendung. Er gleicht ein wenig einem geparkten Auto, das wir vergessen dürfen. Sie identifizieren sich nicht mehr mit dem Körper und konzentrieren sich auf die tieferen Aspekte des Bewusstseins. Es kann einige Monate dauern, bis Sie die Meditationshaltung beherrschen; aber es lohnt sich, weil dieses Körpertraining Sie zuversichtlich stimmt. Dieser erste Erfolg macht Freude und gibt Ihnen den Mut, größere Herausforderungen zu bewältigen.

5 DIE ATMUNG

Versuchen Sie bewusst, sich zu entspannen und rhythmisch zu atmen. Beginnen Sie mit einer Minute tiefer Bauchatmung, um Sauerstoff ins Gehirn zu pumpen. Dann atmen Sie langsamer und schließlich unmerklich, wobei Sie jeweils drei Sekunden rhythmisch ein- und ausatmen. Die Atmung wird leicht und unhörbar. Diese Technik heißt *Pranayama* (Atembeherrschung); sie stabilisiert das Prana (den Atem) und beruhigt dadurch den Geist. Mehr über Pranayama lesen Sie auf Seite 39.

6 DER GEIST

Um erfolgreich zu meditieren, müssen Sie das Leid und die Negativität des Geistes transformieren, indem Sie höheres Bewusstsein, einen weiten Blickwinkel, Freude und Zufriedenheit in Ihrem Leben willkommen heißen. Je intensiver Sie sich darum bemühen, desto größer wird der Erfolg sein. Sie müssen den ernsthaften Wunsch haben, nicht »mit offenen Augen zu schlafen«, wie Swami Vishnudevananda sagen würde. Der Geist ist bequem, und wir alle scheuen die Verantwortung und tun gerne, was wir wollen. Wir glauben, viele Chancen im Leben zu haben – doch diese Chancen bleiben oft Träume, und ohne Anstrengung ändert sich nichts. Um etwas zu bewirken, müssen wir einsehen, dass Hingabe unsere Freiheit nicht einschränkt, sondern uns im Gegenteil erlaubt, die gewünschte Richtung des Lebens zu wählen.

RAJA YOGA

Vor fast 2 000 Jahren beschrieb Patanjali den Raja Yoga, einen der vier großen Yogapfade, in den Aphorismen der *Raja Yoga Sutras*. Raja Yoga ist ein wissenschaftliches System, dessen Ziel die Beherrschung des Geistes, des Körpers und der Sinne ist. Seine philosophischen und psychologischen Erkenntnisse sind zeitlos und tiefgründig; sie führen uns Schritt für Schritt durch bedeutsame Veränderungen. Der Pfad besteht aus acht Stufen: *Yama* (Enthaltsamkeit), *Niyama* (Verhaltensregeln), *Asana* (Körperhaltung), *Pranayama* (Atemübungen), *Pratyahara* (Rückzug der Sinne), *Dharana* (Konzentration), *Dhyana* (Meditation) und *Samadhi* (überbewusster Zustand). Yama und Niyama läutern den Geist. Asana und Pranayama stärken den Körper und helfen, den Geist zu beherrschen. Pratyahara zügelt den nach außen drängenden Geist und verhindert Energieverluste. Dharana beruhigt den Geist, Dhyana bringt inneren Frieden, und Samadhi führt zum Überbewussten. Die Meditation ist der wichtigste Schritt auf dem Weg zu diesem Ziel.

Wichtig ist, dass wir entschlossen sind, im gegenwärtigen Augenblick zu leben, nicht in der Vergangenheit, in Tagträumen oder in einer imaginären Zukunft. Wir alle flüchten uns gerne in eine Phantasiewelt als Schutzwall gegen das Leiden. Die Meditation zeigt uns die Dinge so, wie sie sind, ohne die Maske unserer Wünsche und Abneigungen, ohne Furcht und Hoffnung. Beschließen Sie vor jeder Meditation, der Wirklichkeit ins Auge zu sehen und nicht in eine Phantasiewelt zu fliehen. Das ist nicht leicht, und anfangs suchen Sie vielleicht Zuflucht in vertrauten Abwehrstrategien. Seien Sie geduldig, und locken Sie den Geist nach und nach behutsam von diesen destruktiven Gedankenmustern fort. Allmählich wird Ihnen bewusst, dass Sie sich von Schwierigkeiten nicht mehr ablenken lassen dürfen, und wenn Sie Hoffnungen und Ängste loslassen, schützen Sie sich vor dem Leiden. Erneuern Sie vor jeder Meditation die Verpflichtung, Ihrem Wohlbefinden zu dienen. Befehlen Sie dem Geist sanft, eine Zeit lang still zu sein und sich nur auf den gegenwärtigen Augenblick zu konzentrieren. Dadurch wird Ihr Leben unermesslich reicher.

7 DIE WAHL EINES KONZENTRATIONSPUNKTES

Suchen Sie sich einen »Brennpunkt«, auf dem der Geist ruhen kann – er braucht einen festen Anker, weil er meist viel Zeit mit Tagträumen verbringt und sich vom Hier und Jetzt entfernt. Beobachten Sie die Körperhaltung, die Atmung und zusätzlich einen bestimmten Punkt im Körper. Im Körper gibt es Energiezentren, Chakras genannt, die sich dafür besonders gut eignen. *Kundalini* Yoga, ein Zweig des Raja Yoga, befasst sich hauptsächlich mit diesen Chakras, um die Energie zu befreien, die sie speichern, und so das Bewusstsein zu erweitern. Es gibt sieben Haupt- und viele Nebenchakras. Sie befinden sich im *Astralleib*, der aus Energie besteht und einem subtilen, ätherischen Double des materiellen Körpers gleicht. Die Chakras entsprechen den Stadien des Bewusstseins; sie zeigen, wie wir unsere innere Energie ausdrücken. Die drei unteren Chakras steuern das fundamentale Verlangen nach Sicherheit, Lust und Entfaltung der Individualität. Das Vierte, das Herzchakra, wandelt unsere Energie in

Liebe um; das Fünfte, das Kehlchakra, ist das Zentrum, von dem aus das Bewusstsein sich erweitert, bis es die Vergangenheit und die künftigen Wiedergeburten kennt. Das sechste Chakra, das zwischen den Augenbrauen liegt, ist das Zentrum des intuitiven Wissens. Das Letzte befindet sich oben auf dem Kopf und ermöglicht die Verschmelzung mit dem kosmischen Bewusstsein.

Swami Sivananda empfiehlt, sich entweder auf das Herzchakra (Anahata) oder auf das Chakra zwischen den Brauen (Ajna) zu konzentrieren. Dem Kundalini Yoga zufolge können wir den Geist zwar auf jedes Chakra richten, doch die Meister warnen uns davor, solange wir nicht auf die dabei freigesetzte Energie vorbereitet sind. Gewiss, Energie ist neutral und fließt in alles, was wir begehren; doch solange der Geist sich mit instinktivem Verlangen identifiziert, verstärkt die befreite Energie dieses Verlangen und hindert uns daran, einen höheren Bewusstseinszustand zu erreichen. Solange der Geist noch nicht gründlich gereinigt ist, sollten wir uns also auf die höheren Chakras konzentrieren.

Swami Vishnu-devananda rät emotionalen Menschen, sich auf das Herzchakra zu konzentrieren. Es ist ideal für alle, die dank ihrer Gefühle mühelos mit anderen und mit der Umwelt Kontakt aufnehmen. Ihnen fällt es leicht, sich für ein Ideal einzusetzen, da dieser Teil ihrer Persönlichkeit bereits aktiv ist. Wenn wir uns auf das Herzchakra konzentrieren, können wir die emotionale Energie lenken und in selbstlose Liebe umwandeln.

Wenn Ihre Persönlichkeit überwiegend intellektuell ist – wenn Sie Gedanken mehr trauen als Gefühlen –, können Sie sich besser auf den Punkt zwischen den Augenbrauen konzentrieren: auf das Zentrum der Selbstbewusstheit. Das läutert den Intellekt und befreit ihn allmählich von seinen beschränkten und egoistischen Ansichten. Schließlich öffnet sich die Tür der Intuition, und Sie nehmen die Wirklichkeit wahr, ohne dass der Schleier des Intellekts Sie stört. Dies wird häufig »Öffnung des dritten Auges« genannt.

KUNDALINI YOGA

Der Astralleib

Jeder Organismus hat einen Astralleib, einen subtilen Körper, durch den die Lebenskraft (Prana) des Körpers fließt. Er folgt den Konturen des materiellen Körpers eng und beherbergt die emotionalen, mentalen und intellektuellen Fähigkeiten sowie das Unbewusste und das Prana. Der materielle Körper entspringt dem Astralleib, und beide sind durch eine subtile Schnur verbunden, durch die Lebenskraft fließt. Wenn wir sterben, reißt diese Schnur, und der Astralleib trennt sich vom materiellen Körper.

Kundalini

Kundalini ist eine kosmische Ur-Energie, eine spirituelle Kraft, die im Astralleib jedes Menschen schlummert. Wenn wir Kundalini durch Yogaübungen wecken, versetzt sie uns in den Zustand des höchsten Bewusstseins, der spirituellen Erleuchtung. Wer unter der Anleitung eines Gurus regelmäßig Kundalini Yoga übt, erwirbt ein gründliches Wissen über den Astralleib und reinigt sowohl ihn als auch den physischen Körper. Der Schüler »erweckt« Kundalini, indem er den Körper beherrscht, die Nadis (siehe rechts) reinigt und Prana durch Pranayama (siehe Seite 39) lenkt. Die erweckte Kundalini fließt durch die Chakras (feinstoffliche Energiezentren; siehe rechts) nach oben bis zum Chakra auf dem Kopf, das die spirituelle Erleuchtung auslöst.

Jedes der sieben Chakras hat seine eigene Form, Schwingung, Farbe, Funktion, herrschende Gottheit und mystische Frequenz, seinen eigenen Laut und sein eigenes Element. Beim Meditieren visualisieren wir sie als Lotos mit einer bestimmten Zahl von Blütenblättern.

Die Nadis

Nadis sind Kanäle im Astralleib, durch die Prana, die Lebenskraft, fließt. Yoga lehrt, dass es etwa 72 000 Nadis gibt – die Meridiane der chinesischen Medizin –, die den Nerven des materiellen Körpers entsprechen. Der wichtigste Nadi ist der *Sushumna,* das astrale Gegenstück zur Wirbelsäule. An beiden Seiten des Sushumna verlaufen zwei Nadis, die *Ida* und *Pingala* heißen und den rechten und linken Nervensträngen des sympathischen Nervensystems im materiellen Körper entsprechen. Kundalini Yoga leitet Prana vom Ida und Pingala in den Sushumna und erweckt Kundalini, sodass sie aufsteigt.

Die Chakras

Die sieben Hauptchakras (wörtlich »Räder«) sind subtile Zentren aus Lebensenergie und Bewusstsein im Astralleib. Ihre Gegenstücke im materiellen Körper sind die Hauptnervengeflechte. Diese Zentren bleiben bei den meisten Menschen inaktiv. Durch Kundalini Yoga können wir die Energie jedoch bewusst und allmählich in den Sushumna und in jedes Chakra leiten. Dort weckt sie schlummernde übersinnliche Kräfte und erweitert das Bewusstsein. Jedes Chakra steht für eine bestimmte Ebene dieser Evolution.

Die folgende Liste nennt die Namen der Chakras und ihren Ort:

1 Muladhara – am unteren Ende der Wirbelsäule; entspricht dem Sakralgeflecht.
2 Swadhisthana – im Bereich der Genitalien; entspricht dem Prostatageflecht.
3 Manipura – am Nabel; entspricht dem Sonnengeflecht
4 Anahata – am Herzen; entspricht dem Herzgeflecht.
5 Vishuddha – in der Kehle; entspricht dem Kehlkopf»geflecht«.
6 Ajna – zwischen den Augenbrauen; entspricht dem Venengeflecht der unteren und mittleren Nasenmuschel.
7 Sahasrara – am Scheitel des Kopfes; entspricht der Zirbeldrüse.

Natürlich hat jeder Mensch eine emotionale und eine intellektuelle Seite; doch meist dominiert einer dieser Aspekte. Keiner ist besser als der andere. Wenn wir uns auf einen dieser Punkte konzentrieren, erreichen wir dasselbe Ziel: eine Bewusstseinserweiterung. Das Wichtigste ist, dass Sie Ihre Energie trainieren, bis sie sich an einem Punkt bündeln kann. Sobald Sie einen Punkt ausgewählt haben, behalten Sie ihn ein Leben lang. Wenn Sie ihn ändern, wird die Energie wieder instabil, und die Gedanken schweifen ab. Der Geist besteht aus Energie, und diese Energie muss »lernen«, harmonisch zu fließen. Sie können nicht verhindern, dass die Energie strömt, aber sie soll stetig und ruhig strömen – wie Öl, das man aus einem Gefäß in ein anderes gießt –, sodass Sie keine Bewegung spüren.

Sperren Sie aber den Geist nicht ein, wenn Sie seine Energie auf dem gewählten Punkt bündeln. Das klingt paradox; aber dieses Bündeln ist das Sprungbrett für die Konzentration, die es dem Geist ermöglicht, sich in den unendlichen Raum auszudehnen. Meditation ist kein bloßer Willensakt, sondern eher eine Bemühung des Herzens. Der Geist folgt dem Herzen, und das Leben folgt dem Geist.

8 DIE WAHL DES KONZENTRATIONSOBJEKTES

Jetzt müssen Sie Ihre geistige Energie noch mehr stabilisieren und den Geist so schulen, dass er sich von selbst konzentriert. Dafür braucht er ein Objekt, auf dem er seine Energie bündeln kann. Alle bisherigen Schritte bereiten uns im Grunde darauf vor, den Geist länger als ein paar Sekunden auf einen einzigen Gegenstand zu richten. Eine stabile Haltung, ruhige Atmung und die Bündelung der Energie in einem Energiezentrum fördern die Konzentration. Aber auch das ist noch keine Meditation. Meditation ist ein Zustand jenseits der Konzentration, den wir nur erreichen, wenn der Geist völlig konzentriert ist.

Im Yoga sind *Mantras* (Worte der Macht) ein sehr wichtiges Hilfsmittel für die Konzentration (siehe Kapitel fünf). Wiederholen Sie einfach das Mantra im Geist und im Rhythmus der Atmung.

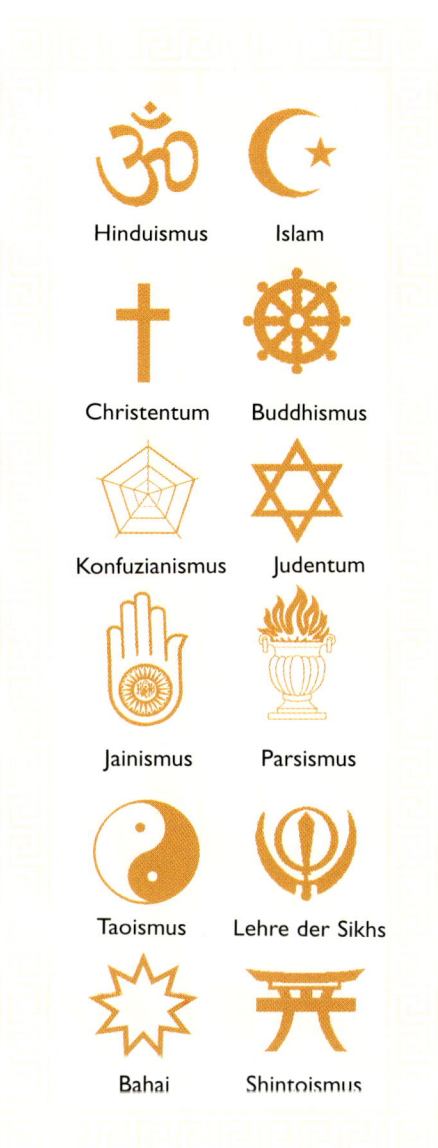

Hinduismus

Islam

Christentum

Buddhismus

Konfuzianismus

Judentum

Jainismus

Parsismus

Taoismus

Lehre der Sikhs

Bahai

Shintoismus

Die großen Weltreligionen haben ihre eigenen Symbole, die als Konzentrationsobjekt dienen können.

Es ist hilfreich, wenn Sie die Schwingungen des Mantras spüren, die vom Konzentrationszentrum ausgehen. Atmung, Konzentrationszentrum und Mantra werden eins. Sie können das Mantra auch laut sprechen – vor allem wenn Sie schläfrig werden – oder die Lautstärke allmählich bis zum Flüstern verringern und das Mantra danach stumm wiederholen, weil die Wirkung dann am größten ist. Benutzen Sie immer dasselbe Mantra, damit Sie sich an den Laut und den Rhythmus gewöhnen und sich leichter konzentrieren können. Ein Mantra ist ein mächtiges Werkzeug; es lenkt zwei Aspekte des Geistes – das Verlangen zu sehen und zu hören – in die gewünschte Richtung, sodass sie uns nicht mehr ablenken. Wenn Sie das Mantra wiederholen, lauschen Sie ihm und visualisieren gleichzeitig seine Form.

Sie können beim Wiederholen des Mantras jedes abstrakte oder konkrete Symbol visualisieren, das Ihnen gefällt: Licht, die Sonne, den Himmel oder ein religiöses Symbol wie Christus, Krishna, Buddha, den Davidstern, das Kreuz oder OM. Oder konzentrieren Sie sich auf eine positive Eigenschaft wie Liebe oder Mitgefühl – nicht als abstrakte Idee, sondern als etwas Lebendiges, das Sie durch Wort und Tat ausdrücken wollen.

Das Konzentrationsobjekt sollte erhebend wirken und den Geist ins Unendliche führen. Patanjali empfiehlt in den *Yogasutras* die Konzentration auf irgendetwas Angenehmes und erweitert damit die Auswahl enorm.

9 DEM GEIST RAUM GEBEN

Lassen Sie die Gedanken zunächst wandern – sie werden hin und her springen, aber mit der Zeit der Konzentration weichen, während das Prana sich bündelt. Anfangs wollen Sie den Geist unbedingt beherrschen und konzentrieren sich so stark, dass Sie Kopfschmerzen bekommen. Entspannen Sie sich tief in die Atmung hinein, und konzentrieren Sie sich sanfter. Wir kennen oft nicht einmal unsere offenkundigsten Gewohnheiten und die Macht, die sie über uns haben. Seien Sie geduldig. Es ist normal, rasche Erfolge

DIE BHAGAVAD GITA

Die *Bhagavad Gita,* das »Lied Gottes«, ist eines der großartigsten Weisheitsbücher der Welt und der Bibel und dem Koran ebenbürtig, was Weite und Tiefe anbelangt. Sie ist ein Teil des großen Sanskrit-Epos *Mahabharata* und besteht aus 18 Kapiteln mit 701 Versen. Die Gita berichtet vom Dialog zwischen Krishna und dem Krieger Arjuna, dem größten Anhänger des Gottes (siehe Bild oben). Dieses Gespräch symbolisiert den ewigen Kampf zwischen dem Instinkt, der uns nach unten zieht, und dem spirituellen Bewusstsein, das sich ausdehnen will. Die zeitlose Weisheit der Gita ist subtil und tiefgründig und heute so wichtig wie vor hunderten von Jahren. Sie ist ein praktischer Leitfaden zu einem erfüllten Leben in der modernen, hektischen Welt. Als Darstellung der drei wichtigsten Yogapfade – *Karma Yoga* (Yoga der Tat), *Bhakti Yoga* (Yoga der Hingabe) und *Jnana Yoga* (Yoga des Wissens) vermittelt sie eine machtvolle Botschaft der Hoffnung, Ermutigung und Inspiration. Sie ist unentbehrlich für alle, die Zuflucht vor den Problemen des Alltags suchen.

anzustreben; aber der Geist lässt sich nicht so leicht in einen dauerhaften Zustand der Stille und Gelassenheit versetzen. Sie müssen ihn ganz allmählich vom emotionalen Chaos befreien. Wenn Sie zu schnell vorgehen, können die Folgen unangenehm sein, und vielleicht geben Sie sogar das Meditieren auf. Veränderungen sollten allmählich, schrittweise und stetig eintreten, damit sie dauerhaft sind.

Geben Sie sich also Raum. Seien Sie mit dem Geist streng und sanft zugleich; erziehen Sie ihn wie ein Kind, das ebenfalls Liebe und Strenge braucht. Entwickeln Sie eine gesunde Beziehung zu sich selbst, und meiden Sie allzu große Nachsicht ebenso wie Grobheit. Seien Sie sich darüber im Klaren, dass Ihr Ziel nicht leicht erreichbar ist, und seien Sie stolz auf jeden Schritt nach vorne, selbst wenn er klein ist. Die *Bhagavad Gita* rät: Sei dein bester Freund und empfinde Mitgefühl für den Teil deiner selbst, der sich um Ganzheit bemüht.

Wenn Sie dem Geist mehr Raum geben, sollten Sie ihn genau beobachten. Es ist wie beim Spaziergang mit einem Hund: Er darf sich frei fühlen, doch wenn er ausreißen will, erinnert ihn die Leine sofort an seine Grenzen. In den ersten paar Minuten der Meditation müssen Sie ein Vertrauensverhältnis mit dem Geist aufbauen, indem Sie geduldig und mitfühlend sind. Dann ist der Teil von Ihnen, der sich nichts befehlen lassen will, eher zur Zusammenarbeit bereit.

10 DIE LOSLÖSUNG VOM GEIST

Wenn der Geist immer wieder abschweift, lösen Sie sich von ihm und beobachten ihn objektiv wie einen Film. Manchmal ist er widerspenstig und lebt weiter in seiner Phantasiewelt, und das kann anfangs etwas frustrierend oder gar entmutigend sein. Befolgen Sie in diesem Fall den Rat von Swami Sivananda, und beobachten Sie den Geist mit der Einstellung: *Ich bin nicht der Geist, ich beobachte ihn nur.* Wenn starke Gefühle Sie nicht loslassen, hilft diese Übung. Sie beruhigt den Geist allmählich, sofern Sie die Rolle des Beobachters wenigstens einige Minuten durchhalten. Dadurch ent-

ziehen Sie den Gefühlen und Gedanken bewusst die Nahrung, denn das Bewusstsein bringt alles hervor. Die Gedanken und Gefühle verlieren einfach ihre vitale Energie und werden immer schwächer. Sie brauchen ein gutes Urteilsvermögen und emotionale Stärke, um sich von Ihren Gedanken zu lösen, und sei es nur für kurze Zeit. Für Anfänger kann das schwierig sein, aber wenn Sie täglich ein wenig üben, entwickelt sich eine starke neue Gewohnheit.

11 DAS REINE DENKEN

Beharrliche Konzentration führt zur Meditation. Das geschieht nach vielen Monaten, meist erst nach vielen Jahren des Übens. Darauf gehen wir in Teil II dieses Buches näher ein.

12 SAMADHI

Beharrliches Meditieren führt zum *Samadhi*. Wir erreichen diesen Zustand, wenn wir den Geist so geschult haben, dass er im reinen Bewusstsein aufgeht. Samadhi ist der Gipfel der Meditation und der achte Schritt im Raja Yoga. Hier löst die Dualität sich auf, und wir erreichen den Zustand des Überbewusstseins. Mehr darüber in Teil II.

Die Stille und Ruhe der Natur ist ein ideales Umfeld für die Meditation.

KAPITEL ZWEI

DIE YOGISCHE LEBENSWEISE

Sie haben sicherlich schon erkannt, dass Meditation mehr ist als
bloßes Sitzen mit gekreuzten Beinen und geschlossenen Augen.
Sie ist das höchste Ziel des Yoga, und wenn Sie alle ihre Früchte
ernten wollen, müssen Sie sich sorgfältig vorbereiten und auch Ihre
Lebensweise ändern. Es ist nicht einfach, so zu leben, dass der
Geist sich nach innen wenden kann. Sie brauchen dafür Willenskraft
und Hingabe des Herzens; doch je besser Sie sich vorbereiten,
desto erfolgreicher sind Sie beim Meditieren.

DIE GUNAS

Um zu verstehen, was diese Vorbereitung bedeutet, müssen Sie mit
den drei *Gunas* vertraut sein. Das sind die drei Haupteigenschaften
der Natur, die sich in unterschiedlichen Kombinationen in allen
Dingen manifestieren. Sie heißen *Sattva* (Gleichgewicht, Reinheit und
Harmonie), *Rajas* (Tat, Leidenschaft, Energieverteilung) und *Tamas*
(Dunkelheit, Dumpfheit, Trägheit). Diese Qualitäten finden wir
überall in der Natur, auch im Körper, im Geist und in der Persönlichkeit. Es ist ein sehr nützliches Modell, um eine Situation oder einen
inneren Zustand richtig einzuschätzen; es hilft Ihnen zu verstehen,
warum Sie sich schwer konzentrieren können und was dagegen zu
tun ist.

Im Zustand des Sattva ist der Geist ruhig, klar und konzentriert.
Der Körper fühlt sich leicht an, Sie sind zufrieden und allen Wesen
wohlgesonnen. Wenn die Energie von Rajas dominiert, ist der
Geist unruhig und zerstreut, und Gefühle überwältigen Sie leicht.
Auch der Körper ist nervös, Sie fühlen sich unbehaglich und aufge-
regt und wollen sich mithilfe äußerer Gegenstände entspannen.
Wenn Tamas vorherrscht, stagniert die Energie, der Geist ist stumpf,
passiv und gleichgültig.

Bemühen Sie sich, in allen Bereichen Ihrer Persönlichkeit und Ihres Lebens Sattva zu steigern, denn nur im Sattva-Zustand bringen Sie genügend Interesse und Energie auf, um das Bewusstsein zu erweitern und negativen Neigungen zu widerstehen.

Es ist am besten, wenn die gesamte Lebensweise die Meditation unterstützt, damit die Meditation selbst zur Lebensweise wird. Alles, was Sie tun, sagen oder denken, kann die Meditation fördern oder stören. Jede Tat, jedes Wort, jeder Gedanke im Geiste Sattvas läutert Ihre Energie und bringt Sie dem meditativen Zustand näher. Taten und Gedanken, die von Rajas geprägt sind, lösen Nervosität, Leidenschaft und Gier aus, die Sie vom Ziel ablenken. Wenn Tamas Handeln und Denken bestimmt, bleibt der Geist stumpf und träge, und Sie haben keine Lust zu meditieren. Um die Freude eines erweiterten Bewusstseins zu genießen, müssen Sie im Alltag bewusst leben.

TÄGLICHES ÜBEN

Es ist wichtig, gut für den Körper zu sorgen. Treiben Sie regelmäßig Sport, damit er stark, geschmeidig und locker bleibt. Denken Sie daran, dass Sie gesund sein müssen, um die vollkommene Stille zu bewahren, die Sie zum Meditieren brauchen. Wenn die Gelenke steif und die Muskeln verspannt und schwach sind oder wenn Sie an Krankheiten leiden, fällt es Ihnen schwer, den Körper still zu halten. Wenn Sie sich nicht wohl fühlen, sollten Sie Medikamente meiden, wann immer es möglich ist, und sie durch Naturheilmittel ersetzen. Verzichten Sie aber nicht auf Arzneien, die Sie brauchen. Es ist viel besser, einige Tage lang Medikamente zu nehmen, als ernsthaft krank zu werden. Doch selbst wenn Sie krank sind, können Sie ein wenig meditieren. Das ist die beste Medizin bei jeder Krankheit, weil sie Energie schenkt und jede Zelle im Körper reinigt.

Wenn Sie sich jeden Tag eine halbe Stunde bewegen – geeignet sind forsches Gehen, Schwimmen, Radfahren oder Joggen – oder eine Stunde *Asanas* (Yogastellungen) üben, bleiben Sie geschmeidig, stark und ausdauernd.

Asanas sind die beste Vorbereitung auf die Meditation. Die klassischen Abhandlungen über Hatha Yoga lassen keinen Zweifel daran, dass die vielen Dutzend Asanas uns dabei helfen sollen, die Meditationshaltung mühelos längere Zeit durchzuhalten. Asanas fördern die körperliche und seelische Gesundheit; sie machen uns stark und flexibel, stimulieren die Organe und Drüsen und verjüngen die Nerven. Im Astralleib fließt die Energie besser, und die Energiekanäle werden gereinigt. Wir sind konzentriert, emotional ausgeglichen, zufrieden, ruhig und stabil und spüren, dass wir mit dem ganzen Universum verbunden sind. Swami Vishnu-devananda empfiehlt die zwölf fundamentalen Asanas, und zwar immer in der gleichen Reihenfolge: Nach einer Entspannungsübung auf dem Rücken (siehe Seite 42) folgen der Sonnengruß (sechsmal), dann die zwölf Asanas und zum Schluss wieder eine Entspannungsübung.

Ebenfalls sehr wichtig ist *Pranayama*. Da der Geist und die Atmung zusammenhängen, ist Pranayama eine vorzügliche Vorbereitung auf die Meditation. Wenn Sie rhythmisch und tief atmen, beruhigen sich die subtilen Pranawellen, aus denen die Gedanken bestehen. Pranayama reinigt den ganzen Körper und versorgt ihn mit Energie. Es reinigt die Atemwege, regt den Kreislauf an, massiert die inneren Organe, verbessert ihre Funktion, entspannt die Nerven und lindert Depressionen und emotionale Störungen. Außerdem reinigt es die Nadis, durch die Prana fließt, so dass der ganze Organismus mehr Energie bekommt und der Geist klar wird.

Wir empfehlen, täglich bis zu 30 Minuten Pranayama zu üben, vor oder nach den Asanas. Die wichtigsten Übungen (siehe nächste Seite) sind *Kapalabhati* (pumpende Atmung) und *Anuloma Viloma* (abwechselndes Atmen durch ein Nasenloch). Zum täglichen Programm gehören drei Runden Kapalabhati und zehn Runden Anuloma Viloma. Wenn Sie Zeit haben, können Sie vor dem Schlafengehen ein paar zusätzliche Runden Anuloma Viloma einschieben, um die Nerven zu beruhigen und tiefer zu schlafen. Denken Sie während des Tages an die tiefe Bauchatmung, die den Körper und das Gehirn mit Prana versorgt, sodass Sie ruhig und entspannt bleiben.

PRANA UND PRANAYAMA

Prana ist die universelle Energie oder Lebenskraft in allen lebenden Wesen, im Essen, im Wasser, in der Luft und in der Sonne. Ihr chinesisches Äquivalent ist das *Chi*. Der Atem ist ihre wichtigste Manifestation. Pranayama (der vierte Schritt im Raja Yoga) steigert und steuert diese Kraft. Der Geist ist die innere Manifestation des Prana; darum können wir den Geist beherrschen, wenn wir Prana beherrschen.

Anuloma Viloma

Anuloma Viloma ist eine hochwirksame Pranayama-Methode, welche die Nadis reinigt (siehe Seite 29) und den Geist beruhigt. Sie atmen 4 Sekunden rhythmisch durch das linke Nasenloch ein, halten den Atem 16 Sekunden an, indem Sie die Nasenlöcher zuhalten, und atmen dann 8 Sekunden durch das rechte Nasenloch aus. Die Übung ist beendet, wenn Sie 4 Sekunden durch das rechte Nasenloch eingeatmet, den Atem 16 Sekunden angehalten und 4 Sekunden durch das linke Nasenloch ausgeatmet haben. Die linke Hand liegt im Chin-Mudra (siehe Seite 24) auf dem linken Knie, die rechte Hand hält die Nasenlöcher abwechselnd zu – der Daumen das rechte, der Ringfinger das linke. Zeigefinger und Mittelfinger sind gekrümmt. Die Augen sind geschlossen, der Geist konzentriert sich auf den Punkt zwischen den Augenbrauen. Beginnen Sie mit zwei Runden am Tag, und steigern Sie sich auf zehn. Innerhalb von wenigen Tagen werden Sie stärker, ruhiger und ausgeglichener.

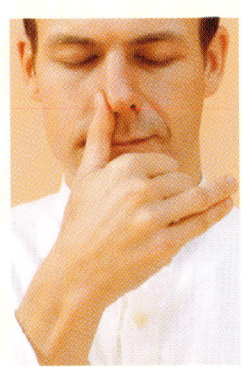

Kapalabhati

Dies ist eine sehr wirksame Übung, die den Körper kräftigt, die Atemorgane reinigt, den Geist klar macht und die Konzentration stärkt. Atmen Sie zweimal tief durch die Nase ein. Bei jedem nachfolgenden Einatmen den Bauch weiten und beim Ausatmen wieder einziehen. Dieses »Pumpen« rasch wiederholen und dabei nur die Ausatmung intensivieren – denn beim Ausatmen entsteht ein Vakuum, sodass die Einatmung von selbst erfolgt. Etwa 30- bis 40-mal pumpen, dann zweimal tief einatmen und beim dritten Mal den Atem möglichst lange anhalten (bis zu einer Minute). Das ist eine Runde. Drei Runden täglich reinigen und stärken aller Atemorgane, steigern die Sauerstoffaufnahme und sorgen dadurch für einen klaren Geist.

DEN KÖRPER UND DEN GEIST VORBEREITEN

Es ist sehr wichtig, früh aufzustehen, um die kostbare Zeit des
Morgens der Meditation zu widmen. Ihr Tag sollte positiv beginnen,
und Meditation ist dafür am besten geeignet. Im Schlaf sammeln
sich Abfallprodukte (Tamas) im Körper an, und Sie fühlen sich träge.
Darum müssen Sie sich reinigen und frisches Sattva speichern.
Der erste Schritt ist eine Dusche, die nicht nur körperlich sauber
macht, sondern auch belebende neue Energie spendet. *Ayurveda*
(siehe rechts) empfiehlt, den Körper danach einzuölen, um ihn zu
kräftigen und vor äußeren Energien zu schützen. Der Körper sollte
so sauber und leicht wie möglich sein. Wenn Sie abends meditieren,
duschen Sie am besten vorher. Falls das nicht möglich ist, waschen
Sie sich die Hände, die Füße und das Gesicht. Wenn Sie gleich
nach dem Essen meditieren, ist es schwer, sich zu konzentrieren,
weil die Energie zum größten Teil in den Verdauungskanal fließt.

Die Kleider, die Sie beim Meditieren tragen, müssen sauber, locker
und bequem sein und aus natürlichen Stoffen bestehen. Ziehen
Sie diese Kleider nur zum Meditieren an, denn die subtile Energie
der Gedanken und Gefühle dringt in alles ein, was Sie berühren.
Was Sie bei der Meditation tragen, nimmt die Schwingungen Ihrer
positiven Gedanken auf. Es ist ratsam, einen Meditationsschal aus
Wolle oder Baumwolle zu tragen; dann verbindet der Geist den
Schal mit dem meditativen Zustand, und Sattva nimmt zu. Zudem
verhindert er, dass Sie Energie nach außen abstrahlen. Sie sollten
die Kleider regelmäßig waschen, separat aufbewahren und respektvoll behandeln.

Da der Geist sich so leicht von Sinneseindrücken beeinflussen lässt,
müssen Sie ihn mit positiven und beruhigenden Eindrücken füttern, bevor Sie meditieren. Meiden Sie Sinnesreize, die von Tamas
oder Rajas geprägt sind. Um Rajas nicht anzuregen, sollten Sie vor
dem Meditieren nicht sprechen. Der bewusste Verzicht auf die
Kommunikation mit der äußeren Welt, *Mouna* genannt, verhindert
Energieverluste. Betrachten Sie ein paar Minuten lang ein natürliches
Objekt, zum Beispiel einen Baum, eine Landschaft oder Blumen,

AYURVEDA

Der indische Ayurveda
(wörtlich »Lebenswissen-
schaft«) gilt als älteste Heil-
kunst der Welt. Er ist eng mit
dem Yoga verbunden und
wird seit über 4000 Jahren
praktiziert und verfeinert.
Neue Studien belegen, dass
er die Grundlage dessen ist,
was die alten Griechen über
Physiologie und Medizin
wussten. Ayurveda ist heute
noch so wirksam wie damals.
Er lehrt uns, gesund zu
bleiben, Krankheiten zu heilen
und lange zu leben. Seine
Basis ist körperliche, seelische
und geistige Ausgewogenheit,
und er schenkt allen seinen
Anhängern Harmonie und
Wohlbefinden.

AGNI SARA

Agni Sara ist eines der sechs *Kriyas* (Reinigungsübungen). Es massiert das Verdauungssystem und die Leber und kräftigt die inneren Organe. Agni Sara wird im Stehen mit weit gespreizten Beinen geübt. Die Knie sind gebeugt, die Hände drücken auf die Oberschenkel, der Kopf ist gesenkt. Tief ausatmen, den Bauch einziehen und nach oben ziehen, den Atem anhalten und mit dem Bauch rasch »pumpen«. Rechtzeitig aufhören, um einzuatmen, dann ausatmen und wieder pumpen. Drei bis fünf Runden mit je zehn bis achtzehn Pumpbewegungen genügen.

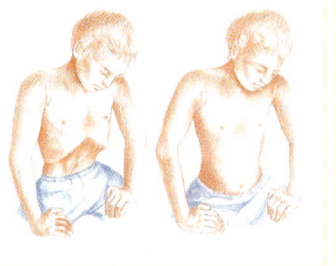

oder betrachten Sie das Bild einer Gottheit, eines Heiligen oder eines Weisen. Auch das Betrachten der Flamme einer Öllampe oder Kerze hat eine sehr positive Wirkung.

Der geistige Zustand hängt eng mit dem Energiestrom im Körper zusammen. Darum ist es ratsam, vor dem Meditieren einige Minuten Pranayama zu üben. Wir empfehlen zwei bis drei Runden Kapalabhati (siehe Seite 39), um die Atemwege von Schleim zu befreien, das Sonnengeflecht zu stimulieren und den Pranafluss zu verbessern, sowie ein paar Runden Anuloma Viloma (siehe Seite 39), um die Energie zu harmonisieren. Wenn Sie ein paar Minuten den Kopfstand machen (siehe Seite 44), leiten Sie frische Energie ins Gehirn und können sich viel besser konzentrieren. *Agni Sara* (siehe links) regt das Prana im Sonnengeflecht ebenfalls an und steigert das Gefühl, wach zu sein. Wenn Sie immer noch Schwere im Körper spüren, bringen einige Sonnengrüße (siehe nächste Seite) das Prana in Bewegung.

Vor und nach dem Meditieren ist es wichtig,
sind in der »Leichenstellung« zu entspannen,
damit der Körper sich ausruhen und in kürzester
Zeit erholen kann.

DER SONNENGRUSS

Der Sonnengruß dehnt und kräftigt alle wichtigen Muskelgruppen.
Er fördert die Sauerstoffaufnahme und -verteilung, regt die Atmung
an und sorgt dafür, dass der ganze Körper besser mit Blut, Wärme
und Energie versorgt wird. Die Nerven werden sanft gestärkt und
entspannt, die Sinne geschärft und die Konzentration verbessert.

Stellungen 1 und 12 vertiefen Konzentration und Ruhe.

Stellungen 2 und 11 dehnen die Bauch- und Eingeweidemuskeln,
kräftigen die Arme und strecken die Wirbelsäule.

Stellungen 3 und 10 verhindern und lindern Magenbeschwerden,
bauen Fettpolster am Bauch ab, fördern Verdauung und
Durchblutung und machen die Wirbelsäule geschmeidig.

Stellungen 4 und 9 straffen den Bauch und die Muskeln der
Oberschenkel und Beine und machen die Hüften flexibler.

Stellung 5 stärkt die Arm- und Schultermuskeln.

Stellung 6 stärkt die Schulter-, Arm- und Brustmuskeln.

Stellung 7 stärkt die Muskeln des oberen Rückens und der Arme.

Stellung 8 stärkt die Nerven und Muskeln der Arme und Beine
und strafft die Wirbelsäule.

1

2

3

4

5

6

7

8

9

10

11

12

1 KOPFSTAND

Stärkt die Atemorgane und den Kreislauf.

Lindert Augen-, Ohren- Nasen- und Halsbeschwerden, stärkt Sehvermögen und Gehör.

Lindert Krampfadern.

Lindert Nierenstörungen und Verstopfung.

Lindert den Druck auf die Lenden- und Kreuzbeinwirbel.

Fördert das tiefe Ausatmen, entfernt Schlacken aus den Lungen.

Fördert den Haarwuchs durch bessere Durchblutung der Kopfhaut.

Regt Zirbel- und Hirnanhangdrüse an, vitalisiert Körper und Geist.

Beseitigt Verschiebungen der Wirbel.

Verbessert die Durchblutung des Gehirns, das Gedächtnis, die Konzentration und das Denkvermögen.

Lindert Nervenstörungen und Angst.

Verbessert den Schlaf.

Steigert das Selbstvertrauen.

2 SCHULTERSTAND

Beugt Nieren- und Knochenkrankheiten sowie Muskelschwäche vor.

Hält Hals und Wirbelsäule stark und elastisch.

Lindert Krampfadern.

Massiert das Herz.

Stärkt Hals und Brustkorb.

Beseitigt geistige Trägheit.

Heilt Schlaflosigkeit und Depressionen.

Verbessert den Schlaf.

Lindert Menstruationsbeschwerden und Frauenkrankheiten.

Reinigt das Blut, verbessert die Durchblutung.

Reguliert die Schilddrüse. Diese Drüse steuert:
Stoffwechsel und Herzleistung
Eiweißsynthese
Wachstum und Entwicklung
Herzfrequenz und Blutdruck
Kalziumgehalt des Blutes und der Gewebe

3 PFLUG

Streckt die Rückenmuskeln und –sehnen, öffnet die Bandscheiben, verjüngt die Wirbelsäule.

Versorgt die Nerven im Rücken mit Energie.

Lindert und verhindert Arthritis und Steifheit im Rücken und Hals.

Lindert Verspannungen in der Halswirbelsäule.

Stärkt die Rücken-, Schulter- und Armmuskeln.

Massiert die inneren Organe.

Lindert Verdauungsstörungen und Verstopfung.

Regt Leber und Milz an.

Baut Fett ab.

Lindert Schlaflosigkeit.

1

2

3

4 FISCH

Lockert den Bereich der Hals-, Brust- und Lendenwirbelsäule und fördert die Durchblutung dort.

Massiert Hals und Schultern.

Beseitigt runde Schultern.

Steigert das Lungenvolumen.

Lindert Asthma.

Stimuliert und massiert die Nebenschilddrüsen, hemmt Zahnverfall, stärkt die Knochen und macht sie flexibler.

Stimuliert und stärkt Hirnanhang- und Zirbeldrüse.

Normalisiert die Stimmung, beruhigt Gefühle.

Stärkt und reinigt die Atemwege.

Hält die Wirbelsäule geschmeidig.

5 VORBEUGEN IM SITZEN

Baut Fettpolster im Hüftbereich ab.

Lindert Leber- und Milzvergrößerung.

Massiert, stimuliert und stärkt die Verdauungsorgane, fördert die Verdauung.

Massiert Nieren, Leber und Bauchspeicheldrüse.

Reguliert die Funktion der Bauchspeicheldrüse, die den Kohlehydratstoffwechsel und den Blutzuckerspiegel steuert.

Reguliert die Eingeweide, steigert die Peristaltik.

Stärkt das gesamte Nervensystem.

Dehnt alle Rückenmuskeln.

Macht die Hüftgelenke geschmeidiger.

Lindert Störungen der Harnwege und Geschlechtsorgane.

6 KOBRA

Macht die Wirbelsäule geschmeidiger, lindert Verkrümmungen.

Lindert Asthma und andere Atemprobleme.

Stärkt und massiert die tiefen und oberflächlichen Rückenmuskeln.

Kräftigt die Nerven und Muskeln der Wirbelsäule.

Lindert Hexenschuss und Kreuzschmerzen.

Stärkt die Eingeweide der Bauchhöhle.

Stärkt Eierstöcke und Gebärmutter, lindert Menstruationsbeschwerden.

Stärkt die Nebennieren.

Lindert Verstopfung.

Lindert Rückenschmerzen, deren Ursache zu viel Arbeit oder langes Stehen ist.

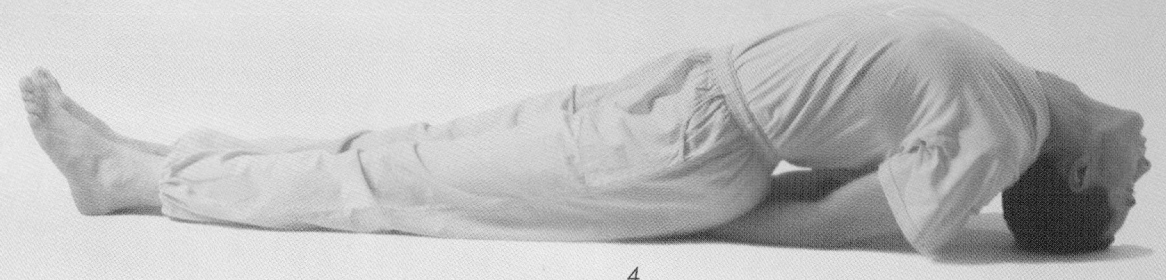

4

5

6

7 HEUSCHRECKE

Lindert Verdauungsschwäche.

Kräftigt die Bauchwand.

Massiert Bauchspeicheldrüse, Leber und Nieren.

Fördert die Durchblutung im Hals.

Macht die Halswirbelsäule geschmeidiger.

Stärkt die Muskeln im oberen Rücken.

Lindert Kreuzschmerzen und Ischias.

Regt die Verdauung an.

8 BOGEN

Macht die Wirbelsäule flexibler.

Stärkt und massiert die Verdauungsorgane.

Beseitigt Bauchfett.

Lindert Verstopfung, Dyspepsie und Magen-Darm-Störungen.

Reguliert die Bauchspeicheldrüse, lindert Diabetes.

Stärkt die Bauchmuskeln.

Stärkt die Atemorgane, lindert Asthma.

Verhindert Rheuma in Beinen, Kniegelenken und Händen.

Massiert die Rückenmuskeln.

Hält die Wirbelsäule geschmeidig.

Verbessert den Blutkreislauf.

9 HALBE WIRBELSÄULENDREHUNG

Dreht die Wirbelsäule, hält sie elastisch.

Lindert Hexenschuss und Rheuma im Rücken und in den Hüften.

Stärkt und stimuliert das sympathische Nervensystem.

Verbessert die Durchblutung.

Regt die Leber und den Dickdarm an.

Stärkt Gallenblase, Milz und Nieren.

Massiert die Verdauungsorgane.

Lindert Verstopfung und Verdauungsstörungen.

Reguliert die Sekretion von Adrenalin und Galle.

Lindert Asthma.

Stärkt die tiefen Rückenmuskeln.

Hilft bei krummen Schultern, krummem Rücken und schlechter Haltung.

7

8

9

10 KRÄHE

Stärkt Arme, Handgelenke und Schultern.

Steigert das Atemvolumen.

Streckt Finger, Handgelenke und Unterarme.

Verbessert die Konzentration.

Beseitigt Schlaffheit.

Verbessert das körperliche und seelische Gleichgewicht.

11 VORBEUGEN IM STEHEN

Verlängert die Wirbelsäule.

Macht die Gelenke beweglicher und die Wirbelsäule elastischer.

Stärkt das gesamte Nervensystem.

Dehnt die Achillessehnen.

Verbessert die Durchblutung des Gehirns.

Beseitigt Fettpolster an der Taille.

Bewirkt, dass der Körper sich leichter anfühlt.

Lindert Verstopfung.

Stärkt die Rückennerven.

Lindert Ischias und Kreuzschmerzen.

12 DREIECK

Stärkt Rückennerven und Unterleibsorgane.

Steigert die Darmperistaltik.

Macht die Hüften beweglicher.

Lindert nervöse Depressionen.

Regt den Appetit an.

Stärkt den Beckenbereich.

Baut Fettpolster an der Taille ab.

10

11

12

FRIEDLICHE ERNÄHRUNG

Falsche Ernährung kann die Meditation erheblich stören. Um ruhig und konzentriert zu sein, brauchen wir Sattva-Kost. Alle Nahrungsmittel enthalten Energie, die der Organismus nutzt. Der Yoga und die westliche Wissenschaft erkennen an, dass der materielle Körper aus Nahrung aufgebaut wird; doch der Yoga geht einen Schritt weiter und erklärt, dass der Geist aus der subtilen Energie der Nahrung gebildet wird. Was wir essen, beeinflusst die Funktion des Gehirns. Wenn Sie stark verarbeitete Nahrungsmittel essen, spiegelt der Geist ihre Unreinheit wider und gerät aus dem Gleichgewicht. Studien belegen zum Beispiel, dass bestimmte rote Farbstoffe zu Hyperaktivität bei Kindern führen und Fabrikzucker uns emotional instabil macht. Das sind nur zwei von vielen hundert Beispielen für

ERNÄHRUNG UND AYURVEDA

Wir werden von allen Seiten mit Ernährungstipps überhäuft. Oft sehen wir nicht das ganze Bild, und die widersprüchlichen Empfehlungen verwirren uns. Yoga hilft uns, den richtigen Weg zu finden. Er befürwortet eine rein vegetarische Kost, die auf dem uralten Wissen des Ayurveda (siehe Seite 40) basiert. Wichtig ist unter anderem, dass die Ernährung zu unserem Konstitutionstyp passt. Langes Leben, Kraft, Energie, Wachstum und gesunde Haut setzen gute Ernährung und Verdauung voraus.

Ayurveda und gesunde Ernährung

Das Essen muss gut schmecken,
sättigen,
den Körper kräftigen,
sofort dauerhafte Energie
    spenden,
die Vitalität und das Gedächtnis
    stärken
und ein langes Leben
    begünstigen.
Wir dürfen weder zu wenig noch
    zu viel essen.

Richtlinien

Im Sitzen und in angenehmer
    Umgebung essen.
Erst essen, wenn die vorige
    Mahlzeit verdaut ist (nach
    5–6 Stunden).
Ruhig essen und gut kauen.
Zum Essen ein wenig heißes
    Wasser oder Kräutertee trinken.

Kalte und eisgekühlte Getränke
    meiden.
Beim Kochen und Essen fröhlich
    sein – die Stimmung beeinflusst
    die Verdauung und die Energie
    des Essens.
Regelmäßig und immer zur
    gleichen Zeit essen. Auf
    Zwischenmahlzeiten verzichten.
Etwa zwei Hand voll Nahrung
    genügen. Den Magen halb mit
    Nahrung und zu einem Viertel
    mit Wasser füllen. Ein Viertel
    bleibt leer, damit Gase sich
    ausdehnen können.
Während der Mahlzeit keine
    Früchte essen und keinen
    Fruchtsaft trinken.
Nicht spät abends essen.
Nahrung ist Medizin – wir sind,
    was wir essen!
Danken Sie für Ihr Essen.

FASTEN

Fasten ist eine der besten Arzneien der Natur. Der Körper kann Schlacken beseitigen, die sich wegen der Umweltverschmutzung oder falscher Ernährung angesammelt haben. Viele Menschen fürchten, durch Fasten schwach und lustlos zu werden. Das Gegenteil ist richtig: Ein Fasttag steigert die Vitalität und die geistige Klarheit. Das Gedächtnis wird besser, der Körper fühlt sich leicht und kraftvoll an. Völlerei ist eines der größten Probleme unserer Zeit. Wenn wir fasten, dürfen die Verdauungsorgane, der Magen, die Leber, die Bauchspeicheldrüse und die Gallenblase eine wohlverdiente Ruhe genießen. Fasten stärkt die Willenskraft und die Ausdauer. Yoga rät jedoch zur Vernunft. Trinken Sie reichlich Wasser und Kräutertee. Ruhen Sie sich aus, wenn Sie stark verschlackt sind, denn die Entgiftung kann Kopfschmerzen, Müdigkeit und Reizbarkeit auslösen. Ansonsten können Sie ganz normal leben. Ein Fasttag pro Woche oder alle zwei Wochen genügt. Ohne ärztliche Aufsicht sollten Sie nicht länger als drei Tage fasten.

Substanzen, die wir oft zu uns nehmen, ohne ihre Nebenwirkungen zu kennen. Wer regelmäßig meditiert, muss sich erst recht vor ihnen hüten, denn die Ernährung beeinflusst die Qualität der Meditation.

Eine schlichte Kost ist für Meditierende optimal. Sie darf durchaus wohlschmeckend sein, aber wir sollten auf Nahrungsmittel verzichten, die den Geist negativ beeinflussen. Scharfe Gewürze, Knoblauch, Zwiebeln, zu viel Salz, Kaffee, Schwarztee und Fleisch machen nervös, sodass die Gedanken abschweifen. Andere Substanzen trüben den Geist und machen uns schläfrig, anstatt die Konzentration zu fördern. Dazu gehören vorgekochte und überreife Nahrungsmittel, Alkohol, Tabak und Marihuana. Es ist zwar nicht ratsam, die Ernährung über Nacht radikal zu ändern; aber wer ernsthaft meditieren will, sollte beispielsweise allmählich auf Fleisch und Zigaretten verzichten. Asanas und Pranayama helfen dabei sehr. Viele schädliche Gewohnheiten verschwinden von selbst, weil die Meditation das Bewusstsein verändert.

Ideal ist eine vegetarische Kost. Vor etwa zwanzig Jahren galt jeder, der kein Fleisch aß, als Sonderling; heute ist das ganz anders. Es gibt immer mehr Reformhäuser und vegetarische Restaurants, und die Einsicht nimmt zu, dass die Gesundheit unmittelbar vom Essen beeinflusst wird. Viele körperliche und seelische Krankheiten sind heilbar, wenn wir die Ernährung umstellen oder zur Entschlackung kurz fasten.

Im Gegensatz zu einer verbreiteten Meinung bekommen Vegetarier reichlich Eiweiß, während Fleischesser zu viel Eiweiß essen. Tierisches Eiweiß enthält viel Harnsäure, eine Stickstoffverbindung, die mit Ammoniak verwandt ist. Sie ist nicht wasserlöslich, und die Leber kann sie nicht abbauen. Ein kleiner Teil wird zwar ausgeschieden, aber der größere Teil lagert sich in den Gelenken ab und führt zu Arthritis. Arterienverhärtung und Herzkrankheiten sind zwei der größten Probleme im Westen, wo der Fleischkonsum am größten ist. Die Ursache ist zu viel Cholesterin, das der Körper nicht ausscheiden kann. Es bildet Fettablagerungen an den Wänden des

Herzens und der Arterien, die allmählich dicker werden, bis sie das Gefäß verstopfen. Margarine als Ersatz für Butter löst das Problem nicht, denn jedes gehärtete Fett ist schädlich. Die Hauptquelle für Cholesterin sind nicht Butterbrote zum Frühstück, sondern Fleisch und Fett.

Zunächst sollten Sie bewusster einkaufen und kochen. Kaufen Sie Vollkornprodukte und frisches Obst und Gemüse. Meiden Sie Zusatzstoffe, verarbeitete Nahrungsmittel und Dosenkost. Kaufen Sie ein gutes Buch über gesunde vegetarische Ernährung, und innerhalb von wenigen Monaten spüren Sie einen großen Wandel. Essen Sie etwas weniger. Viele Menschen essen viel mehr als notwendig, hauptsächlich aus Gewohnheit oder um die Sinne zu befriedigen. Zivilisationskrankheiten sind die Folge. Meditation ist unmöglich, wenn der Magen überfüllt ist. Wir werden benommen und schlafen ein. Essen Sie also mäßig, damit Körper und Geist leicht, wach und stark werden.

Die am meisten gefürchtete Krankheit ist der Krebs. Viele Substanzen können bei Tieren Krebs auslösen, aber Studien deuten darauf hin, dass sie beim Menschen in normalen Mengen nicht gefährlich sind. Anders sieht es aus, wenn sie sich über Jahre hinweg ansammeln. Tieren werden zahlreiche Chemikalien verabreicht, damit sie schwerer werden und mehr Geld bringen. Nitrite, Farbstoffe und Medikamente gehören zu den Substanzen, die im Fleisch enthalten sind, das wir kaufen. Wie die vielen anderen Zusatzstoffe reichern sie sich im Körpergewebe an.

Krebszellen entwickeln sich, wenn sie unter dem Einfluss solcher Gifte entarten und sich ungehemmt vermehren.

Es gibt noch andere praktische und spirituelle Gründe, kein Fleisch zu essen. Um Schlachttiere zu füttern, benötigt man viermal mehr Getreide oder Soja, als ein Mensch verbrauchen würde. So dürfen wir die Ressourcen der Erde nicht vergeuden! Die vegetarische Kost ist zudem billiger und fördert die optimale Nutzung des Bodens. Pflanzen sind die primäre Energiequelle für alle Lebewesen, weil sie durch Photosynthese Sonnenenergie speichern. Vegetarier ernähren sich aus dieser mächtigen, lebensfördernden Urquelle.

Außerdem ist unser Verdauungssystem nicht auf Fleisch eingestellt. Unsere Zähne können mühelos Gemüse zermalmen, nicht aber Fleisch zerreißen – darum müssen wir es vor dem Verzehr zart werden lassen und kochen. Unsere Leber ist relativ kleiner als die Leber Fleisch fressender Tiere und kann tierische Gifte nicht abbauen. Der Verdauungskanal ist bei Fleischfressern kurz, damit diese Gifte rasch ausgeschieden werden; bei Menschen und Pflanzenfressern ist er lang.

Ein Yogi isst vor allem deshalb kein Fleisch, weil er keinem Wesen Leid zufügen will: »Du sollst nicht töten«, sagt die Bibel. Auch Tiere haben Gefühle und ein Bewusstsein. Massentierhaltung und Schlachthäuser sind grausam und unnötig. In Indien werden Kühe respektvoll behandelt, weil sie der Gesellschaft dienen. Sie pflügen die Äcker und liefern Milch und Milchprodukte sowie Dung als Brennstoff und Baumaterial. Ein indischer Bauer denkt nicht im Traum daran, seine Kuh zu töten und zu essen.

Wir sind, was wir essen. Ein subtiler Teil der Nahrung wird Bewusstsein. Wer sich vegetarisch ernährt, hat also ein anderes Bewusstsein. Grobheit verschwindet, Gedanken und Gefühle sind feiner, der Geist ist leichter zu steuern. Dann können wir erfolgreich meditieren.

KAPITEL DREI

KONZENTRATION

Der konzentrierte Geist hält
lange Zeit ununterbrochen an einem
Objekt oder an einer Form fest.

PATANJALI, YOGASUTRAS, III-I

Meditation ist nur möglich, wenn Sie sich konzentrieren können.
Konzentration stärkt die Gedankenströme, klärt Ideen und gibt dem
Geist Energie. Einst nebelhaft verschwommene Ideen werden klar,
und was schwierig, komplex und verwirrend war, wird leicht verständlich. Sie können mehr, schneller und erfolgreicher arbeiten,
und die Willenskraft nimmt zu. Weitere Vorteile sind Gelassenheit,
Energie, ein scharfer Verstand, Beredsamkeit, Fröhlichkeit und eine
angenehme Stimme. Sie können andere positiv beeinflussen, und
der Geist gehorcht Ihnen und führt Ihre Befehle aus. Langfristig kann
die Konzentration sogar Senilität verhindern oder .

DIE FÜNF GEISTIGEN ZUSTÄNDE

Um den Prozess der Konzentration zu verstehen, müssen wir uns
mit den Schwingungen des Geistes befassen. Yoga lehrt, dass es fünf
geistige Zustände gibt.

1 Mudha

Im *Mudha* neigt der Geist dazu, Leiden zu sehen und hervorzurufen.
In diesem Tamas-Zustand sind wir unglücklich und projizieren unser
Elend auf jeden, dem wir begegnen. Unsere schöpferische Energie
ist blockiert, und wir fühlen uns für immer gefangen. Wir glauben
nicht an ein höheres und erweitertes Bewusstsein.

2 Kshipta

Kshipta ist ein Rajas-Zustand, für den Zerstreutheit typisch ist. Wir
erfahren Lust und Schmerz, wenn wir uns nach außen wenden, um

Die Macht des konzentrierten
Geistes ist der Gewalt eines
gestauten Flusses vergleichbar.

unser Verlangen zu befriedigen. An die Folgen denken wir kaum, und selbst wenn wir vor ihnen gewarnt werden, suchen wir nach Vorwänden, um unseren Willen durchzusetzen. Wir sind ängstlich, gierig, egoistisch und recht chaotisch. Wir jagen dem Vergnügen nach und scheuen den Schmerz.

3 Vikshipta

Im *Vikshipta* bemühen wir uns, nach innen zu gehen und die Strahlen des Geistes zu bündeln – teils erfolgreich, teils erfolglos. Manchmal streben wir nach Lust, aber wir halten ein und kehren nach innen zurück. Dieser Prozess – die Bündelung der nach außen gerichteten Gedankenwellen – erfordert eine gewisse Anstrengung, doch der Erfolg befriedigt uns sehr.

4 Ekagrata

Im *Ekagrata* ist der Geist sehr konzentriert. Wir brauchen uns dafür nicht mehr anzustrengen. Wir haben erkannt, dass Konzentration uns glücklicher macht als Lust. Ekagrata (»Einpünktigkeit«) ist ein Sattva-Zustand.

5 Niruddhah

Im *Niruddhah,* ebenfalls ein Sattva-Zustand, ist der Geist nicht mehr aktiv, und wir erfahren höchste Freude. Niruddha dürfen wir in der tiefen Meditation genießen.

Am besten vertraut sind wir vermutlich mit dem depressiven Mudha oder mit Kshipta, in dem der Geist voreilige und falsche Schlüsse zieht und nichts im Leben wirklich versteht, nicht einmal sich selbst. Konzentration zielt darauf ab, diese Zustände zu überwinden und Vikshipta zu erreichen. Wir müssen lernen, unsere geistige Energie auf ein Objekt zu richten. Je konzentrierter der Geist ist, desto mehr Energie wird in einem Punkt gebündelt. Die Fähigkeit, völlig achtsam zu sein, ist der Schlüssel zum Erfolg, besonders beim Meditieren.

Dieses Gesetz gilt überall: Jede Kraft in der Natur wird langsamer und schwächer, wenn man sie zerstreut, anstatt sie zu bündeln. Wird ein Fluss eingedämmt, schießt das einst behäbige Wasser mit enormer Wucht durch den Kanal. Wenn wir warme Sonnenstrahlen mit einem Brennglas bündeln, werden sie so heiß, dass sie brennen – so groß ist die Energie einer konzentrierten Kraft.

Jeder Mensch kann sich in gewissem Umfang konzentrieren, und jede Aktivität setzt Konzentration voraus, einerlei ob Sie ein Buch lesen, einen Brief schreiben oder Geschirr spülen. Ein Chirurg muss beim Operieren äußerst konzentriert sein, ebenso ein Techniker oder Architekt, der winzige Details eines Planes zeichnet. Auch das Schachspiel verlangt tiefe Konzentration. Leider können heutzutage viele Menschen, vor allem Kinder, nur für sehr kurze Zeit aufmerksam sein. Gründe dafür sind unter anderem die schnelle technische Entwicklung und falsche Ernährung. Ein schlechtes Gedächtnis und seelische Störungen sind die Folge.

Wir müssen verstehen, wie der Geist arbeitet, damit wir uns gut konzentrieren können. Wichtig ist zunächst, dass der Geist sich nicht mit mehreren Objekten gleichzeitig beschäftigen kann. Dessen sind wir uns jedoch nicht bewusst, weil er mit unglaublicher Geschwindigkeit von einem Objekt zum anderen springt. Wenn Sie jemandem zuhören, sehen Sie diesen Menschen nicht. Der Geist nutzt immer nur einen Sinn, und darum hören oder sehen wir – aber nicht beides gleichzeitig. Allerdings arbeitet der Geist so schnell, dass wir den gegenteiligen Eindruck haben.

Wenn Sie in ein Fernsehprogramm vertieft sind, hören Sie keine störenden Geräusche, nicht einmal Ihren Namen. Wenn jemand sich nähert, merken Sie es nicht, und Sie nehmen auch nicht den Duft der Rosen wahr, die neben Ihnen in einer Vase stehen. In solchen Situationen bündelt der Geist seine Energie an einem einzigen Punkt – dies ist Ekagrata. Wer dennoch versucht, mehrere Dinge gleichzeitig zu tun, arbeitet langsamer, denn die mentale Energie wird zerstreut.

Schulen Sie den Geist so, dass er jeder Situation seine ungeteilte Aufmerksamkeit schenkt. Lernen Sie allmählich, sich auf Ihre Arbeit zu konzentrieren, indem Sie alle anderen Gedanken beiseite schieben und nichts planlos oder hastig tun. Denken Sie beim Essen nicht an die Arbeit und bei der Arbeit nicht an den Feierabend. Unruhe ist der größte Feind der Aufmerksamkeit. Wenn Sie zu meditieren beginnen, springt der Geist ungehemmt hin und her. Richten Sie die Gedanken geduldig, aber bestimmt auf ein Objekt. Sobald sie abschweifen – was ganz natürlich ist –, holen Sie sie immer wieder sanft zurück. Wenn Sie regelmäßig üben, können Sie sich immer besser konzentrieren und doppelt so schnell und genau arbeiten. Dabei empfinden Sie große spirituelle Freude.

DIE SINNE

Wir haben bereits gesehen, was für eine wichtige Rolle die Sinne bei der Konzentration spielen. Sie ziehen den Geist nach außen, und darum können Sie erst dann erfolgreich meditieren, wenn Sie lernen, die Sinne nach innen zu lenken. Weil die Sinne Kanäle sind, durch die geistige Energie fließt, müssen Sie sie in den Griff bekommen, um Energieverluste zu verhindern. Die dafür geeignete Methode ist *Pratyahara,* der fünfte Schritt im Raja Yoga. Pratyahara nutzt die Energie der Sinne und ist insofern das Fundament, auf dem Sie Konzentration aufbauen. Wir merken oft gar nicht, wie stark Sinneseindrücke den Geist und damit unsere Entscheidungen und Reaktionen beeinflussen. Außerdem neigt die westliche Kultur sehr dazu, die Sinne nach außen zu richten, und das macht Pratyahara für Menschen, die spiritueller werden wollen, noch wichtiger.

Sinneseindrücke sind Nahrung für den Geist, sie bestimmen, was wir denken und tun. Wer sich Filme mit Gewaltszenen anschaut, füllt den Geist mit brutalen Eindrücken, die sich im Bewusstsein widerspiegeln und aggressives Verhalten auslösen können. Dadurch wird der Geist ebenso vergiftet wie der Körper durch Fast Food. Viele Fernsehsendungen, Filme, Zeitungen und Zeitschriften kann der Geist nicht verdauen, und das Gleiche gilt für Musik, die von Rajas oder Tamas geprägt ist. Lesen Sie also weniger Zeitungen und

Zeitschriften, und sehen Sie nicht zu oft fern. Solche Medien stimulieren den Geist, steigern das Verlangen zu konsumieren und wecken Minderwertigkeitsgefühle. Die Folge sind oft Schlafstörungen, Süchte und Mangel an Klarheit, schöpferischer Energie und Inspiration.

Beim Pratyahara ziehen wir den Geist von Eindrücken zurück, die von Rajas oder Tamas dominiert werden. Das ist geistiges Fasten. Zudem füllen wir den Geist mit positiven Eindrücken. Wenn Sie eine Blume, einen Baum, den Himmel, eine Flamme, ein Bildnis Gottes oder ein spirituelles Symbol betrachten, bildet sich Sattva im Geist. Setzen Sie sich jeden Tag solchen erhebenden Eindrücken aus. Nutzen Sie tagsüber Ihr kritisches Urteilsvermögen, und seien Sie wählerisch, was Sinneseindrücke anbelangt. Nehmen Sie bewusst positive Eindrücke auf. Dann lässt die Sucht nach schädlichen Sinnesreizen spürbar nach, und der Geist wird klar.

KONZENTRATIONSÜBUNGEN

Zunächst sollten Sie lernen, sich auf äußere Gegenstände zu konzentrieren. Später können Sie auch subtile Objekte wählen, etwa ein Chakra, einen Laut oder eine abstrakte Idee. Die folgenden, sehr wirksamen Konzentrationsübungen helfen Ihnen dabei.

Konzentration auf einen Apfel

Setzen Sie sich an einem ruhigen Ort mit gekreuzten Beinen bequem hin. Schließen Sie die Augen, und visualisieren Sie einen Apfel. Anfangs denken Sie vielleicht an seine Farbe, Form und Größe sowie an seine einzelnen Bestandteile – Stiel, Haut, Fruchtfleisch und Kerne. Wahrscheinlich denken Sie auch an andere Früchte, denn wenn der Geist sich mit einem Objekt beschäftigt, denkt er auch an seine Eigenschaften und Teile, und das führt ihn weiter. Wenn er an eine Ursache denkt, kommen ihm auch die Folgen in den Sinn. Bald tauchen neue Ideen auf, und die Gedanken schweifen ab: Sie denken ans Einkaufen, ans Wochenende, an ein

Denken Sie zuerst an den Apfel, dann an seine Blüte und an seinen Baum. So erweitern Sie das Konzentrationsobjekt, bleiben aber beim Thema.

peinliches Erlebnis am Vortag oder an einen Freund, den Sie um vier Uhr treffen wollen. Führen Sie den Geist sanft, aber nachdrücklich zum Thema zurück. Diese Übung hilft Ihnen, für eine gewisse Zeit ohne Unterbrechung einer bestimmten Gedankenlinie zu folgen. Fangen Sie mit einer oder zwei Minuten an, und steigern Sie sich allmählich auf bis zu zehn Minuten.

Konzentration auf eine Blume

Stellen Sie sich mit geschlossenen Augen einen Garten mit vielen verschiedenen Blumen vor. Wenden Sie Ihre Aufmerksamkeit allmählich einer einzigen Blume zu. Visualisieren Sie Farbe, Form, Textur und Duft der Blume. Bleiben Sie darauf konzentriert, so lange es geht.

Konzentration auf einen Laut

Lauschen Sie dem Ticken einer Uhr. Wenn der Geist abschweift, führen Sie ihn zurück zu dem Laut. Wie lange bleiben Sie ohne Ablenkung konzentriert? Sie können auch das deutlichste von mehreren Geräuschen auswählen und sich eine Weile darauf konzentrieren – wie ein Beobachter, also ohne darauf zu reagieren. Wenden Sie sich dann der Reihe nach den anderen Lauten zu, beispielsweise erst den leisen, dann den lauteren und umgekehrt. Achten Sie auf die unterschiedlichen Merkmale der Geräusche.

Konzentration auf die Natur

Konzentrieren Sie sich während des Tages auf den Himmel. Schauen Sie im Liegen hinauf, und spüren Sie, wie der Geist sich in die gewaltige Weite ausdehnt. Das ist ein erhebendes Gefühl. Nachts konzentrieren Sie sich auf den Mond oder die Sterne. Oder setzen Sie sich ans Meeresufer und konzentrieren Sie sich auf das Dröhnen der Wogen, das sich wie die Silbe OM anhört. Sie können auch zwischen nahen und fernen Objekten abwechseln. Konzentrieren Sie sich zum Beispiel auf einen Berg, dann auf einen Baum, dann auf Farben und schließlich auf Geräusche.

Wählen Sie eine von vielen Glockenblumen aus, und konzentrieren Sie sich auf ihre feinsten Details.

Konzentration aufs Lesen

Lesen Sie völlig aufmerksam zwei oder drei Seiten eines Buches. Prüfen Sie Ihre Konzentration, indem Sie am Ende einer Seite innehalten. Erinnern Sie sich an alles, was Sie gelesen haben? Erlauben Sie dem Geist, das Gelesene zu analysieren, zu ordnen oder zu vergleichen. So erwerben Sie viel Wissen über das Thema. Wenn Sie unkonzentriert sind, fällt es Ihnen schwer, den Text zu verstehen.

Konzentration auf eine abstrakte Eigenschaft

Entspannen Sie sich körperlich und geistig. Denken Sie an eine Tugend, etwa an das Mitgefühl. Empfinden Sie seinen Wert, überlegen Sie, wie Sie es im Alltag ausdrücken können, besonders wenn jemand Sie provoziert. Folgen Sie einer klaren Linie von Gedanken, und rufen Sie den Geist zurück, wenn er abschweift. Denken Sie an große, mitfühlende Persönlichkeiten. Füllen Sie Ihr Herz mit dieser Tugend, lassen Sie sie hinaus in die ganze Welt fließen, und visualisieren Sie sich als vollkommen mitfühlend.

Konzentration auf eine Flamme

Tratak ist eine vorzügliche Yogaübung, um die Konzentration zu verbessern. Sie ist eine von sechs Reinigungsübungen (*Kriyas*). Dabei starren Sie abwechselnd ein Objekt und einen Punkt an, ohne zu blinzeln, und schließen dann die Augen, um das Objekt und den Punkt zwischen den Augenbrauen zu visualisieren. Setzen Sie sich mit gekreuzten Beinen bequem und stabil hin. Stellen Sie eine Armlänge entfernt in Augenhöhe eine Kerze auf. Das Zimmer sollte abgedunkelt und zugfrei sein, damit die Flamme nicht flackert. Entspannen Sie Körper und Geist. Atmen Sie zwei oder drei Minuten rhythmisch. Konzentrieren Sie sich dann mit offenen Augen eine Minute auf die Flamme. Blinzeln Sie möglichst wenig. Nach einer Weile können Tränen fließen. Starren Sie weiter in die Flamme, ohne die Augen anzustrengen. Wenn der Geist abschweift, führen Sie ihn zur Flamme zurück. Schließen Sie dann die Augen, entspannen Sie die Augenmuskeln, und visualisieren Sie die Flamme etwa gleich lange zwischen den Augenbrauen.

Tratak auf eine Kerze: Schließen Sie die Augen, und visualisieren Sie die Flamme am Punkt zwischen den Augenbrauen (Ajna Chakra).

Üben Sie am ersten Tag nur eine Minute, und steigern Sie sich jede Woche ein wenig. Nach einiger Zeit können Sie bis zu 30 Minuten üben. Üben Sie regelmäßig, bis Sie die Flamme sehr deutlich visualisieren können, selbst wenn die Kerze nicht brennt. Diese Übung regt das Gehirn und die Nervenzentren an, stärkt die Sehkraft, beruhigt den Geist und verbessert die Konzentration erheblich.

Tratak auf ein Bild

Setzen Sie sich bequem hin. Stellen Sie ein erhebendes oder inspirierendes Bild oder spirituelles Symbol vor sich auf, und betrachten Sie es unverwandt. Schließen Sie dann die Augen, und visualisieren Sie es mitten im Herzen oder zwischen den Augenbrauen. Wenn das Bild verblasst, öffnen Sie die Augen und betrachten es erneut. Nach ein paar Sekunden schließen Sie die Augen und wiederholen die Übung.

Konzentration auf Pflichten

Stärken Sie den Geist, indem Sie sich auf ungeliebte Pflichten konzentrieren. Wenn Sie die Aufmerksamkeit vollständig einem uninteressanten Objekt oder einer unangenehmen Situation zuwenden, sehen Sie das Objekt oder die Situation in neuem Licht, und Ihnen wird klar, dass die beharrliche Konzentration, nicht ihr Objekt, Ihnen Freude macht. Dann schmilzt Ihr Widerstand, und der Geist öffnet sich.

TIPPS FÜR EINE BESSERE KONZENTRATION

Verringern Sie die Zahl Ihrer Gedanken.

Sehen Sie die positive Seite einer Situation. Wenn der Geist mit negativen Gedanken gefüllt ist, kann er sich schlecht konzentrieren.

Bauen Sie Stress ab. Das gilt für körperliche und geistige Anstrengungen ebenso wie fürs Sprechen, Essen oder Schlafen. Übertreibungen machen träge und lenken ab; dann ist die Konzentration schwierig.

Arbeiten Sie aufmerksam, und lassen Sie keine Arbeit unvollendet. Arbeiten Sie nie planlos.

Ziehen Sie nie voreilige Schlüsse. Sie müssen vor jeder Entscheidung vollständig konzentriert sein.

Lernen Sie, sich zu entspannen.

Seien Sie geduldig, fröhlich und ausdauernd. Konzentration setzt Willenskraft, Beharrlichkeit und regelmäßiges Üben voraus.

Hören Sie niemals auf zu üben. Der Erfolg wird kommen. Swami Sivananda sagte: »Nichts ist unmöglich, wenn du deine Konzentration regelmäßig schulst.«

KAPITEL VIER

DIE KUNST DES POSITIVEN DENKENS

Wenn Sie den Geist nicht mit positiven Gedanken füllen, ist eine tiefe Meditation schwer zu erreichen. Negatives Denken macht den Geist nervös und unruhig und unser Handeln unausgewogen. Furcht und Sorgen schaden uns und anderen; sie vergiften die Quelle des Lebens und zerstören die Harmonie, Kraft, Freude und Dynamik in uns. Gedanken der Freude und des Mutes wirken dagegen heilend. Sie machen uns leistungsfähiger und steigern die geistige Kraft. Yoga ermutigt uns, im Einklang mit dem universellen Gesetz der Schönheit und Harmonie unser ganzes Potenzial zu nutzen. Ein solches Leben spiegelt die Bemühung wider, alles, was wir haben, mit anderen zu teilen und für Frieden und Harmonie auf der Welt einzutreten. Um das zu erreichen, müssen wir die wertvolle Kunst des positiven Denkens erlernen.

Wenn Sie einen Menschen nach seinem Lebensziel fragen, antwortet er wahrscheinlich, dass er glücklich und zufrieden sein will. Dieses Ziel kann viele Formen annehmen, aber wir im Westen suchen beim Streben nach Glück oft nach äußeren Dingen und Ereignissen. Wir denken: *Wenn ich dieses Auto, diesen Job haben könnte, wenn ich auf dem Land leben, wenn ich mit jenem Menschen zusammen sein könnte – dann wäre ich glücklich.* Wir strengen uns an, um materiellen Besitz, Ansehen, mehr Verantwortung oder ein schönes Haus zu erwerben. Aber was geschieht, wenn wir unser Ziel erreichen? Gewiss, wir fühlen uns zeitweilig glücklich. Wir empfinden Frieden, der Geist ist still, und wir sind mehr oder weniger zufrieden. Doch bald haben wir das neue Spielzeug satt; es verliert seinen Reiz, und die Suche nach dem Glück beginnt von vorne. Wieder sehnen wir uns nach einer neuen Chance, nach einem neuen Objekt. Häufige Veränderungen und Besitzstreben sind die Lebensweise vieler Menschen, bis sie nach vielen Jahren der Unruhe zu verstehen beginnen, dass äußere Dinge ihnen nicht das dauerhafte Glück bringen, das sie suchen.

Die wahre Quelle des Glücks befindet sich nämlich in uns selbst, und ob wir sie finden, hängt nicht von der äußeren Welt ab, sondern von unserer Einstellung zu ihr.

Yoga lehrt, dass unsere Gedanken die wahre Ursache unseres Erfolges und Glückes sind. Unser Leben und unsere Erfahrungen sind die unmittelbare Folge unseres Denkens. Alles, was wir jetzt sind und haben, ist das Produkt unserer Gedanken. Anfangs ist das vielleicht schwer zu akzeptieren; aber wenn wir die Tiefe unseres Geistes erforschen, entdecken wir die Wahrheit. Was Sie denken, das werden Sie. Denken Sie, dass Sie stark sind, und Sie werden stark. Denken Sie, dass Sie schwach sind, und Sie werden schwach. Gut und Böse, Freund und Feind existieren nur im Geist. Unsere Vorstellungskraft erschafft eine Welt der Lust und der Schmerzen. Diese Eigenschaften gehen nicht von den Objekten selbst aus, sondern sind Teil unserer Einstellung. Des einen Freude ist des anderen Leid.

Gedanken sind die Quelle aller Taten, und darum sind sie die stummen Ziegel, mit denen wir unser Leben bauen. Gedanken formen unseren Charakter und beherrschen unser Leben. Sie beeinflussen andere Menschen. Wir sind für unsere Gedanken verantwortlich und können unseren Weg durch das Leben wählen. Wir sind die Autoren unseres Lebens. Die Gedanken sind das mächtigste Werkzeug der Transformation, die kreativste Kraft im Universum, und wenn wir das Potenzial dieser Kraft erkennen, so ist dies der Beginn eines großen spirituellen Wachstums.

Um die Herrschaft über die Gedanken zu erlangen, während wir unseren täglichen Aktivitäten nachgehen, müssen wir die Natur des Denkens und die Gesetze, denen es unterliegt, kennen. Gedanken sind subtile Materie; sie bestehen aus einer starken Energie, die nicht nur unser Leben, sondern auch das Leben anderer beeinflusst. Ein Gedanke gleicht einem Objekt; er hat eine Form, ein Gewicht, eine Größe, eine Farbe, eine Textur und eine Wirkung. Wir sprechen von einem scharfen Verstand, einer unverblümten Bemerkung, einer runden Persönlichkeit, einem breiten Blickwinkel, trüben Gedanken, einem leichten Herzen und einem kleinen Geist. Wir können nicht nur einen Apfel geben oder nehmen, sondern auch einen Gedanken. Wir hören uns sagen: *Gib mir eine Idee oder Er hat meine Idee geklaut.* Es gibt viele Beispiele dieser Art. Yogis können diese Eigenschaften der Gedanken wahrnehmen. Ein spiritueller Gedanke ist beispielsweise gelb, ein wütender oder hasserfüllter Gedanke ist dunkelrot und hat die Form eines spitzen Pfeils.

Wir dürfen die Macht der Gedanken und ihren Einfluss auf unsere Umwelt nie vergessen. Gedanken sind nicht »Schall und Rauch«, sondern lebendige Kräfte. Swami Sivananda sagte, ein guter Gedanke bringe dreifachen Segen: zuerst dem, der ihn hegt, dann dem Menschen, dem er gilt, und schließlich der ganzen Gesellschaft, weil er die mentale Atmosphäre verbessert. Ein negativer Gedanke ist dagegen dreifach verflucht: Er schadet dem Denkenden und seinem Objekt, aber auch der Menschheit, weil er die mentale Atmosphäre vergiftet.

Wir leben in einer Welt der Gedanken und sind von einem Ozean aus Gedanken umgeben. Bewusst oder unbewusst ziehen wir bestimmte Gedanken an und senden Gedanken aus, die von anderen aufgefangen werden. Darum haben wir ab und zu »übersinnliche Fähigkeiten«. Manche sprechen dann von Zufall, aber das ist falsch. Die Fähigkeit, Gedanken zu übertragen, ist bei »Medien« oder sehr intuitiven Menschen stärker entwickelt. Der Geist hat Anziehungskraft. Wir ziehen Gedanken, Einflüsse und Bedingungen an, die sowohl von sichtbaren als auch von unsichtbaren Quellen ausgehen und unserem Denken ähnlich sind. Wir ziehen bewusst oder unbewusst nur das an, was unseren vorherrschenden Gedanken entspricht. Gleiches zieht Gleiches an. Wenn Sie negativ denken, ziehen Sie die negativen Gedanken anderer an. Wenn Sie gute Gedanken hegen, ziehen Sie die guten Gedanken anderer an. Jeder Mensch sendet Schwingungen aus. Mit manchen Menschen sind wir gerne zusammen, weil sie positive Energie ausstrahlen und mit anderen teilen. Andererseits können uns depressive Menschen unserer Energie berauben.

Nur wenn wir wissen, wie Gedankenmuster entstehen, können wir den Geist beherrschen und eine positive Einstellung entwickeln. Dem Yoga zufolge gleicht der Geist einer CD. Er enthält Rillen oder Eindrücke, die *Samskaras* heißen. Sie bilden sich, wenn bestimmte Gedankenwellen (*Vrittis*) zur Gewohnheit werden. Angenommen, Sie sehen im Schaufenster einer Konditorei ein *éclair au chocolat.* Sie denken: *Wie köstlich! Das will ich haben.* Wenn Sie diesen Gedanken ignorieren, entsteht kein Eindruck; aber wenn Sie an dem Gedanken festhalten, wird er lebendig. Sie kaufen das Gebäck und freuen sich darauf, es am Abend zu verspeisen. Nehmen wir nun an, Sie gehen jeden Dienstag und Donnerstag an diesem Geschäft vorbei. Jedes Mal denken Sie an das wundervolle Eclair und kaufen wieder eines. Diese Handlung, die einst nur ein Gedankenblitz war, ist jetzt eine Kraft – ein Samskara hat sich gebildet. Samskaras entstehen, wenn wir einem Sinneseindruck Aufmerksamkeit schenken und an ihm haften. Sie sind nicht immer negativ. Es gibt »Rillen« im Geist, die Sie aufmuntern, und andere, die Sie deprimieren. Eines der Ziele der Meditation besteht darin, negative Samskaras aufzulösen und positive aufzubauen.

Wir müssen begreifen, dass Gedanken durch Wiederholung stärker werden. Und je stärker ein Gedanke ist, desto schneller wird er Wirklichkeit. Wenn Sie beispielsweise ständig denken, Sie seien dick, schüchtern oder nicht gut genug, wird das Samskara tiefer und klammert sich fest an den Geist. Wenn Sie den gleichen Gedanken wiederholen, verstärken Sie das Samskara, und seine Macht nimmt zu. Die Folge ist, dass der Gedanke wahr wird: Sie essen mehr, Sie werden ungesellig, oder Sie wollen nichts Neues mehr lernen – Sie werden depressiv. Wenn Sie jedoch denken, Sie seien mutig, anpassungsfähig, bescheiden oder rücksichtsvoll, beginnen Sie dementsprechend zu handeln. Der Geist und das Herz öffnen sich, und Sie entdecken die Freude des Lebens.

POSITIVES DENKEN IN DER PRAXIS

Wie bekommen wir einen Geist in den Griff, der – wie Swami Sivananda es ausdrückte – einem betrunkenen wilden Esel gleicht, den ein Skorpion gestochen hat? Wie können wir aufhören, ständig die Vergangenheit durchzuspielen und umzuschreiben oder für eine imaginäre Zukunft zu planen? Warum geraten wir immer wieder in die gleiche Situation mit den gleichen Enttäuschungen und Problemen? Nachdem wir verstanden haben, wie Gedankenmuster entstehen, müssen wir nun den Inhalt dieser Muster aufdecken: Was denken wir wirklich? Wir können uns nur ändern, wenn wir erkannt haben, dass eine Änderung notwendig ist. Wir können unsere Wut nur zügeln, wenn wir wissen, dass wir wütend sind. Was in anderen Menschen vorgeht, sehen wir oft klar; doch wenn es um uns geht, zeigen wir wenig Einsicht. Um Einsicht zu entwickeln, müssen wir den Geist beobachten (siehe Kapitel eins), und eine der wirksamsten Methoden ist das spirituelle Tagebuch (siehe Kapitel neun). Dafür brauchen wir Geduld und Ausdauer; aber allmählich sehen wir uns selbst in der Praxis, fast wie im Film. Wir sehen, wann wir zornig werden, uns Sorgen machen oder bestimmte Menschen und Situationen meiden. Dann haben wir die Möglichkeit, uns zu ändern. Auch wenn wir andere beobachten und uns dann ehrlich fragen, ob wir uns so wie sie verhalten, gewinnen wir Einblick in unser eigenes Verhalten.

Yoga nutzt viele Methoden, um Gedankenschwingungen zu läutern: Asanas, Pranayama, Konzentration, Mantras, Innenschau und Selbstanalyse. Eine der besten Techniken besteht darin, negative Gedanken sofort durch positive zu ersetzen. Hass wird nicht durch Hass beseitigt, sondern durch Liebe. Wir prüfen unseren Charakter, finden einen negativen Zug – und denken unverzüglich das Gegenteil. Angenommen, Sie sind reizbar. Das Gegenteil wäre Geduld. Also meditieren Sie jeden Morgen 15 Minuten über Geduld. Sie denken an ihren Wert – auch wenn jemand Sie provoziert – und erinnern sich an einen Vorfall, der Geduld verlangte, dann an ein weiteres Ereignis dieser Art. Sie denken so stetig wie möglich und führen den

Geist zurück, wenn er abschweift. Sie sehen sich als völlig geduldigen Menschen und nehmen sich fest vor: *Ich spüre, dass Geduld mein wahres Wesen ist, und werde von nun an geduldig sein.* Ein paar Tage lang ändert sich vielleicht nichts — Sie sind immer noch reizbar. Doch wenn Sie jeden Morgen regelmäßig üben, blitzt jedes Mal, wenn Sie wütend werden, der Gedanke auf: *Ich muss geduldig sein.* Dennoch üben Sie weiter. Nach einiger Zeit denken Sie an Geduld, sobald Sie gereizt werden, und Sie haben ihr Verhalten im Griff. Aber Sie üben weiter. Mit der Zeit lassen die gereizten Impulse nach, und Geduld wird für Sie normal, selbst wenn jemand Sie ärgern will. Diese wirksame Methode können Sie anwenden, um Tugenden wie Mitgefühl, Selbstbeherrschung, Reinheit, Bescheidenheit, Güte, Edelmut und Großzügigkeit zu entwickeln.

Alle spirituellen Traditionen raten den Menschen, ihr Verlangen zu zügeln. Wünsche sind an sich harmlos; aber die Macht des Denkens und der Vorstellung kann sie verstärken. Wünsche erzeugen neue Wünsche, und dieser endlose Kreislauf macht uns unruhig und gierig. Unerfüllte Wünsche lösen Enttäuschung und Wut aus und können zu Disharmonie und Feindseligkeit führen. Wenn ein Verlangen sich im Geist festsetzt und Sie es als ungesund erkennen, sollten Sie an etwas anderes denken, damit sich kein Samskara bildet. Alle Wünsche entspringen der Sehnsucht nach Liebe. Solange wir innerlich leer sind, wünschen wir uns, die Leere von außen zu füllen: mit materiellen Dingen, Essen, Beziehungen. Wir müssen unsere Denkweise ändern und uns wieder mit der Quelle der Liebe in unserem spirituellen Herzen verbinden.

Aber es gibt sehr wirksame Methoden, um Gedankenmuster zu ändern. Nehmen wir an, Sie wollen mutiger werden. Dann bekräftigen Sie beim Autofahren, Gehen, Abwaschen oder Warten auf den Bus zehn Minuten lang stumm und konzentriert: *Ich bin mutig, ich habe einen starken Willen.* Stecken Sie Zettel in Ihre Taschen, die Sie daran erinnern, dass Sie mutig sind. Visualisieren Sie kurz vor einer beängstigenden Situation, dass Sie mutig bleiben, und die Furcht wird verschwinden. Betrachten Sie die Schwierigkeiten des

Alltags nicht als Hindernisse, sondern als Herausforderungen, und halten Sie Fehler nicht für negativ. Kleinkinder fallen tausendmal um, ehe sie gehen lernen; sie geben nie auf und erreichen schließlich ihr Ziel. Auch Sie können Fehler als Schritte hin zum Erfolg betrachten – jeder Fehler bringt Sie dem Ziel näher. Sie können in jeder Situation mutig sein. Swami Sivananda sagte: »Die Seele zieht an, was sie insgeheim wünscht oder fürchtet.« Solange wir uns der Angst nicht stellen, verfolgt sie uns. Sie kann unterschiedliche Formen annehmen, aber im Kern bleibt sie gleich. Wie oft haben Sie die Erfahrung gemacht, dass Sie mit Situationen, die Sie fürchten, viel besser und mutiger umgehen als erwartet? Die Phantasie spielt Ihnen Streiche, sie erzeugt Sorgen und Ängste und verhindert, dass Sie in der Gegenwart leben. Viele Menschen haben das Gefühl, nur halb zu leben, nur »an der Peripherie«. Sobald wir aufhören, an die Zukunft und an die Vergangenheit zu denken, und unsere volle Aufmerksamkeit der Gegenwart widmen, dürfen wir uns auf ein erfülltes Leben freuen.

Positives Denken ist nicht nur eine gute spirituelle Praxis, sondern auch eine Notwendigkeit. Swami Sivananda ermuntert uns, negative Gedanken zu beseitigen und positive aufzubauen, und zwar ohne Unterlass. Ohne positives Denken gibt es keinen Frieden auf der Welt, aber wir können nur dann positiv denken, wenn wir ein höheres Ziel haben, uns der Einheit der ganzen Schöpfung bewusst sind und verstehen, dass wir im Leben moralisch, selbstlos und freigiebig sein müssen. Erst wenn wir imstande sind, diese Denkweise in die Praxis umzusetzen, können wir unser Leben und die Welt ändern. Dann strahlen unsere positiven Gedanken zu allen Menschen aus, da wir alle dieselbe Gedankenwelt teilen. Sobald wir die Kunst des positiven Denkens beherrschen, sind wir glücklich, harmonisch und friedlich – und die Meditation entfaltet ihre größte Wirkung.

Wenn böse Gedanken aufsteigen,
etwa Gedanken an Kränkung
oder Täuschung,
dann denke gegenteilige und
gute Gedanken und gewöhne
den Geist daran, einerlei,
ob Gier, Wut oder Illusionen
die Auslöser oder Träger
der bösen Gedanken sind oder
ob du sie deshalb gutheißt;
einerlei, ob sie schwach sind
oder von mittlerer Stärke
oder überaus heftig,
genährt von unendlichem
Unwissen oder Not.

PATANJALI, YOGA SUTRAS II-34

KAPITEL FÜNF

MANTRAS, WORTE DER MACHT

Wir können nur meditieren, wenn der Geist sich ganz auf ein einziges Objekt konzentrieren kann, und das ist nur möglich, wenn er von Sattva erfüllt ist. Wenn Tamas vorherrscht, ist der Geist trübe, und wenn Rajas dominiert, strebt er rastlos nach Lust. Eine Lebensweise im Geist von Sattva hilft Ihnen, einige Eigenschaften von Tamas und Rajas zu beseitigen, die sich im ungeschulten Geist durchsetzen können. Aber Sie müssen auch unmittelbar mit dem Geist arbeiten, und eines der wirksamsten Hilfsmittel dabei ist ein *Mantra,* ein heiliges Wort, geladen mit spiritueller Energie. Das Wort *Mantra* besteht aus zwei Wurzeln: man bedeutet denken, und tra heißt schützen oder von den Fesseln der Erscheinungswelt oder von negativen Gedankenmustern befreien.

Die Mantra-Wissenschaft ist sehr komplex. In der heutigen Welt haben wir erst angefangen, Laute in der Physiotherapie zu verwenden, und auch andere Disziplinen nutzen ihre Macht. Aber die indischen Weisen besaßen dieses Wissen schon vor vielen tausend Jahren. Sie benutzten grobe und subtile Laute, um die Ebenen des Bewusstseins zu durchdringen und Krankheiten zu heilen, Hindernisse zu beseitigen und die höchsten Schwingungen zu erzeugen. Mantras stärken die Entschlossenheit und die spirituellen Fähigkeiten des Suchenden, sie erleichtern die Loslösung von äußeren Dingen, fördern die Weisheit und lösen Wut, Gier und andere Fehler auf, die unsere innere Reinheit verdecken. Nur ein sauberer Spiegel ist von Nutzen, und nur ein Geist ohne negative Gedanken kann die höhere spirituelle Wahrheit widerspiegeln. Selbst wenn Sie wenig Zeit aufwenden, lösen sich negative Gedanken auf, sofern Sie ein Mantra gefühlvoll und konzentriert rezitieren. Diese Meditation offenbart Ihnen das höchste Bewusstsein und bringt Erleuchtung und größte Freude.

*Die Eiche schlummert in der Eichel –
latente Energie enthält das Potenzial
aller Formen.*

WOHER KOMMEN DIE MANTRAS?

Der modernen Physik zufolge entstand unser Universum mit dem
»Urknall«, einem Laut, der aus der Leere hervorging und dessen
Schwingungen sich allmählich zu dem Kosmos entwickelten, den wir
heute kennen. Auch das Christentum lehrt, dass ein Laut die Welt
erschuf: »Am Anfang war das Wort, und das Wort war bei Gott,
und Gott war das Wort.« In der Kosmologie des Yoga heißt der
Urknall *Sabdabrahman,* »Laut Gottes«. Vor der Erschaffung des Universums gab es latente Energie, *Shakti* genannt, die das Potenzial

75

Die Buchstaben des Sanskrit-Alphabets. Den Schlüssel zur Transkription finden Sie auf Seite 151.

aller Formen enthielt. So wie die Eiche in der Eichel schlummert, ruht die Welt der Formen in dieser Shakti und wartet darauf, sich zu manifestieren. Der erste Laut, die Schwingung Sabdabrahmans, ist die Energie, die sich in viele Schwingungen teilt und schließlich 50 klare Laute bildet, die *Varnas* heißen. Diese verbinden sich und werden zur Welt der Formen, denn alle Formen sind Manifestationen von Lauten. Die 50 Urlaute, die Basis aller materiellen Formen, sind im Laufe der Zeit abgeklungen und wurden vergessen. Sanskrit ist jedoch eine Sprache, die unmittelbar auf diese Laute zurückgeht und ihnen von allen Sprachen am nächsten steht. Sanskrit wird auch

Devavani genannt, »Sprache der Götter«. Jedes Mantra besteht aus einer Kombination von Lauten, die von den 50 Buchstaben des Sanskrit-Alphabets abgeleitet sind. Ein Mantra ist entweder ein Name für das Absolute oder eine abstrakte Formel.

Mantras haben in der Natur immer existiert, und zwar in latentem Zustand und als Laut-Energien. Darum kann man sie nicht für jeden Menschen erschaffen oder zurechtmachen. So wie Newton die Schwerkraft entdeckte, aber nicht erfand, wurden die Mantras den alten Meistern in der tiefsten Meditation, also in einem höheren Bewusstseinszustand, offenbart. Die Mantras wurden aufgeschrieben und seit uralten Zeiten von den Meistern an ihre Schüler weitergegeben. Im Yoga und in vielen anderen Lehren steht das heilige Wort im Zentrum der Spiritualität.

WIE WIRKEN MANTRAS?

Wie kann ein Mantra eine so enorme Wirkung auf das Bewusstsein haben? Um diese Frage zu beantworten, müssen wir die inhärente Macht des Lautes näher betrachten. Ein Laut hat eine klare und vorhersehbare Wirkung auf unseren Körper und unsere Seele. Er kann Ideen, Gefühle und Erfahrungen hervorrufen. Worte können Lust oder Schmerzen auslösen. Wenn jemand »Feuer!« schreit, geraten wir sofort in Panik oder erstarren vor Furcht. Am anderen Ende des Lautspektrums finden wir die heilende Kraft der Musik. Wenn wir harmonische Musik hören, verändert sich unser seelischer Zustand fast sofort. Sie öffnet Herzen und tröstet die Seele. Außerdem können die Schallschwingungen berechenbare Formen annehmen, und bestimmte Schallkombinationen haben komplizierte Formen. Experimente belegen, dass die Töne mancher Instrumente präzise geometrische Figuren in ein Sandbett zeichnen können. Um eine bestimmte Form zu erzeugen, muss man eine exakte Note in einer bestimmten Tonhöhe spielen. Wird diese Note wiederholt, erhält man ein Duplikat der Form. Laute sind also potenzielle Formen, und Formen sind manifeste Laute. Alles im Universum schwingt auf einer spezifischen Frequenz, und diese Frequenz ist wandelbar.

Die Sprache ist unser wichtigstes Kommunikationsmedium. Die Worte, die wir von anderen empfangen, haben großen Einfluss auf unseren geistigen Zustand. Kritik, die wir als Kinder immer wieder hören, führt zu einer negativen Konditionierung, die wir selbst als Erwachsene nur schwer beseitigen können. Ein Mantra entfernt solche seelischen Blockaden, die das Unbewusste in Form von stagnierender Energie aufbewahrt, denn das Mantra schwingt im subtilen Körper im Einklang mit den Chakras. Wenn Sie ein Mantra wiederholen, stimulieren Sie das Prana in den Chakras, sodass es Energie erzeugt. Dann schwingt der Geist mit der gleichen Frequenz wie das Mantra, und das Mantra harmonisiert den Organismus und hebt den Geist auf eine höhere Bewusstseinsstufe.

Wenn Sie ein Mantra längere Zeit wiederholen, erzeugt es im Geist ein neues Energiemuster und verdrängt negative Eindrücke. Auf diese Weise versorgt es den Geist mit Energie und hilft Ihnen, seelische Probleme zu lösen und eine negative Konditionierung zu beseitigen – viel wirksamer und unmittelbarer als eine Analyse mit dem Verstand.

DIE THEORIE DER MANTRA-REZITATION

Nach der Theorie der Mantra-Rezitation gelangen wir von der groben Ebene der klaren Laute zurück zur Energie des höchsten, kosmischen Bewusstseins, wenn wir die Silben eines Mantras exakt wiederholen und uns auf seine Frequenz einstimmen. Als kosmisches Bewusstsein, das im Laut Gestalt annimmt, sind die Schwingungen eines Mantras wichtig, und darum muss die Aussprache genau sein. Ein übersetztes Mantra ist kein Mantra mehr, weil seine Schwingungen nicht mehr die Schwingungen des höchsten Bewusstseins sind und dessen Ebene daher nicht erreichen. Die alten Weisen kannten die Macht des Lautes und wussten, dass sie höhere Bewusstseinsebenen erreichen konnten, wenn sie sich auf diese Laute einstimmten. Ein stumm oder laut wiederholtes Mantra versetzt uns in einen Zustand, in dem wir Glückseligkeit nicht erfahren, sondern werden. Dies ist wahre Meditation.

Die Mala ähnelt einem Rosenkranz und wird bei der Mantra-Rezitation (Japa) verwendet. Die große Perle heißt Meru. Wenn wir sie erreichen, haben wir das Mantra 108-mal wiederholt und die Mala vollendet.

SO NUTZEN SIE MANTRAS

Die Mantra-Rezitation wird Japa genannt. Um sie zu erleichtern, benutzt man seit Jahrtausenden verschiedene Hilfsmittel, die auf bewährten psychologischen und natürlichen Prinzipien gründen. Der Rosenkranz ist im Westen am gebräuchlichsten. Eine *Japa-Mala* ähnelt dem Gebetskranz und macht die Mantra-Rezitation einfacher. Sie fördert die Aufmerksamkeit, bündelt die körperliche Energie und unterstützt das rhythmische, flüssige Rezitieren. Sie besteht aus 108 gleich großen Perlen und einer zusätzlichen Perle, die *Meru* heißt und etwas größer ist. Wenn wir ein Mantra einmal pro Perle rezitieren, zeigt die Meru-Perle an, dass wir das Mantra 108-mal wiederholt und die Mala vollendet haben. Die Finger sollten die Meru-Perle nicht überqueren. Wenn Sie diese Perle erreichen, fahren Sie zwar fort, das Mantra zu rezitieren, diesmal jedoch in der Gegenrichtung. Der Daumen und der Mittelfinger tasten die Perlen ab, der Zeigefinger ist für höhere Energien unempfänglich und wird daher nie benutzt. Die Mala darf nicht unterhalb des Nabels hängen und sollte am Hals getragen und in einem sauberen Tuch aufbewahrt werden.

Wiederholen Sie das Mantra mit geschlossenen Augen, und konzentrieren Sie sich dabei auf das *Ajna Chakra* zwischen den Augenbrauen oder auf das *Anahata Chakra* im Herzen. Sprechen Sie das Mantra deutlich und fehlerlos aus, am besten im Rhythmus der Atmung. Wiederholen Sie es weder zu schnell noch zu langsam, und denken Sie an seine Bedeutung. Steigern Sie das Tempo nur, wenn der Geist abzuschweifen beginnt oder müde wird. In diesem Fall sprechen Sie das Mantra eine Weile laut; dann flüstern Sie es, und schließlich rezitieren Sie es wieder stumm. Das laute Wiederholen, *Vaikhari Japa* genannt, ist nützlich, um äußere Störungen zu überlagern. Das Flüstern oder Summen heißt *Upamsu Japa,* das mentale Wiederholen – die wirksamste Methode, die eine tiefere Konzentration verlangt – ist *Manasika Japa.* Selbst eine mechanische Rezitation ohne Gefühl hat eine starke reinigende Wirkung – das Gefühl kommt später.

राम राम राम

Anfangs fällt es Ihnen vielleicht schwer, ein Mantra länger als einige Minuten zu rezitieren. Es kann auch sein, dass Ihnen das Mantra sinnlos vorkommt. Aber wenn Sie weiter regelmäßig üben, dringt das Mantra von selbst in Ihr Bewusstsein ein, und nach ein paar Tagen spüren Sie seine Wirkung. Nach dem Rezitieren sollten Sie sich nicht sofort in den Alltag stürzen. Setzen Sie sich einige Minuten ruhig hin, damit die spirituellen Schwingungen leiser werden – sie erlöschen jedoch nicht ganz. Versuchen Sie, diese Grundschwingungen bei-zubehalten, einerlei, was Sie tun. Sie können Ihr Mantra im Büro, bei der Hausarbeit oder im Verkehrsstau wiederholen. Es blockiert negative Gedanken und das Schwelgen in der Vergangenheit oder Zukunft. Sobald es Ihnen gelingt, das Mantra während des ganzen

Tages zu rezitieren, beginnt ein Gefühl tiefen Friedens Ihr Bewusstsein zu durchdringen.

Sie können Mantras auch schreiben (*Likhita Japa*). Schreiben Sie Ihr Mantra jeden Tag in ein Notizbuch, das nur für diesen Zweck bestimmt ist. Schreiben Sie 10 bis 15 Minuten konzentriert und in völliger Stille, und wiederholen Sie dabei das Mantra im Geist, damit es Ihr Bewusstsein noch stärker beeinflusst. Likhita Japa fördert die Konzentration und somit auch die Meditation erheblich.

MANTRA-INITIATION

Die Mantra-Rezitation ist wirksamer, wenn ein spiritueller Lehrer (siehe Kapitel zehn) Sie förmlich in ein Mantra initiiert. Dies ist der Funke, der die schlummernde spirituelle Energie im Herzen entzündet. Genährt wird das Feuer von der täglichen Japa-Meditation. Nur reine Menschen können andere initiieren, und es ist wichtig, dass Sie einen qualifizierten Lehrer finden. Damit der Lehrer ein Mantra in Ihr Herz pflanzen kann, muss er dessen Macht bereits gebrochen haben. Das bedeutet, dass er meditiert und dadurch die mystische Erfahrung des höchsten Bewusstseins gemacht hat. Er hat sich die Macht des Mantras angeeignet. Bei der Initiation erweckt der Lehrer die *Shakti* (Macht) des Mantras in seinem Bewusstsein und überträgt sie zusammen mit seiner eigenen Energie auf den Schüler. Wenn zwischen Ihnen und dem Lehrer ein spiritueller Gleichklang besteht und Sie empfänglich sind, absorbieren Sie die strahlende Energie im Herzen, und Ihre Meditation wird erheblich tiefer. Es ist zwar üblich, dass ein Lehrer nach der Initiation ein Geschenk annimmt — Früchte, Blumen oder Geld —, aber es ist streng verboten, Mantras zu verkaufen.

DIE WAHL EINES MANTRAS

Wenn Sie noch nicht lange meditieren, fällt Ihnen die Wahl eines Mantras vielleicht schwer. Sie brauchen jedoch nur offen für Ideen zu sein, die Ihnen heute neu und sonderbar vorkommen mögen, aber nach einigen Monaten des Übens wie alte Freunde erscheinen werden.

Eine Studie über Konzentration und Hingabe. Ein Pfau, das Symbol Krishnas, der die niederen Triebe vernichtet, ist mit Vishnus Mantra Om Namo Narayanaya abgebildet.

Der Gott Shiva als Likhita Japa, liebevoll durch Wiederholen seines Mantra Om Namah Shivaya gezeichnet.

Ein Mantra ist für Sie geeignet, wenn Sie spüren, dass es zu Ihnen passt. Wenn Sie nicht sicher sind, hilft Ihnen Ihr Lehrer. Selbst wenn Sie keinen Lehrer finden, der Sie initiiert (siehe oben), hat die tägliche Rezitation eine starke reinigende Wirkung, wenngleich nicht so stark wie nach einer Initiation. Sie können in zwei Arten von Mantras initiiert werden.

Saguna-Mantras

Saguna-Mantras rufen eine Gottheit der Yoga-Tradition an. Jedes echte Mantra erfüllt bestimmte Bedingungen. Unter anderem hat es ein spezifisches Metrum, es wurde ursprünglich einem Weisen offenbart, der dadurch Selbsterkenntnis erlangte und es an andere weitergab, und es enthält eine dynamische göttliche Energie. Wenn Sie ein Saguna-Mantra wählen, hilft es Ihnen, die Gottheit zu visualisieren, die es anruft. Aber Sie können auch Ihren Lehrer oder ein spirituelles Symbol visualisieren.

Unter einer Gottheit verstehen wir einen Aspekt der einen und höchsten Energie, des einen und höchsten Bewusstseins. Die Größe des Absoluten übersteigt am Anfang der Meditationspraxis unser Begriffsvermögen, doch die Gottheit erscheint in einer Gestalt, die wir verstehen. Jede Gottheit ist in sich vollständig und symbolisiert dennoch einen Aspekt des Ganzen. Saraswati ist beispielsweise die Göttin der Weisheit, der Künste, der Musik und der Literatur. Sie symbolisiert die Energie, die zweifellos in der Welt existiert, und manifestiert sich als intellektuelle oder künstlerische Veranlagung. Menschen mit dieser Veranlagung fühlen sich zu Saraswatis Energie hingezogen und können daher ihr Mantra zum Meditieren benutzen. Wenn wir das höchste Bewusstsein mit einem Berg vergleichen, ist jeder der vielen Wege zum Gipfel ein Aspekt dieses Bewusstseins. Der Berg und der Gipfel sind eins, und wenn Sie den Gipfel erreicht haben, nehmen Sie diese Einheit wahr. Die einzelnen Gottheiten oder Aspekte sind ein Produkt der Notwendigkeit, das höchste Bewusstsein auf verschiedenen Wegen zu erreichen. Die einzelnen Temperamente fühlen sich von unterschiedlichen Manifestationen dieses Bewusstseins angezogen. Jedes Mantra hat die gleiche Macht und führt Sie zum höchsten Bewusstsein. Kein hier vorgestelltes Mantra ist wirksamer als die anderen.

Nirguna-Mantras

Die Menschen haben unterschiedliche Temperamente, und nicht jeder fühlt sich zu einer persönlichen Gottheit hingezogen. Manche Menschen sind der Meinung, das Universum bestehe aus Energiemustern, die miteinander verbunden sind und aus einer einzigen Urquelle stammen. *Nirguna-Mantras* symbolisieren keine Gottheit und eignen sich daher für jene Menschen, die im höchsten Bewusstsein etwas Abstraktes sehen. Wir benutzen diese Mantras, um uns mit der ganzen Schöpfung zu identifizieren, um mit dem nicht-manifesten, reinen Bewusstsein eins zu werden, das die ganze Existenz durchdringt und hervorgebracht hat. Wie bei den Saguna-Mantras (siehe oben) ist das Visualisieren einer erhabenen Gestalt während der Rezitation hilfreich, um den Geist noch mehr zu stabilisieren.

MANTRAS FÜR JAPA

Ein Mantra sollte zu Ihnen passen. Vielleicht mögen Sie seinen Klang oder sein Metrum, oder Sie fühlen sich zu der Energie der Gottheit hingezogen, die es anruft. Fürchten Sie nicht, das »falsche« Mantra auszuwählen – wenn Ihnen ein Mantra instinktiv zusagt, ist es für Sie das Richtige. Sobald Sie ein Mantra ausgewählt haben, sollten Sie es nicht mehr ändern. Es wird zu Ihrem Leitmotiv, und Sie nehmen seine Schwingungen an, während es Sie zum höchsten Bewusstsein zieht.

Wir bieten hier eine Auswahl von Mantras an, die seit tausenden von Jahren von Lehrern an Schüler weitergereicht werden. Jedes Mantra wird beschrieben, um Ihnen die Auswahl zu erleichtern. Eine Anleitung zur Transkription und Aussprache der Sanskritbegriffe finden Sie auf Seite 151.

SAGUNA-MANTRAS

OM Sri Maha Ganapataye Namah

Verneige dich vor dem großen Ganesha

Ganesha wird als elefantenköpfiger Gott dargestellt, der Stärke, Mut, Weisheit und völlige Herrschaft über die Sinne symbolisiert. Er ist die kosmische Energie, die wir anrufen, um Hindernisse auf unserem Weg zu entfernen und erfolgreich zu meditieren. Außerdem ist er das Sinnbild aller Neuanfänge. Die Menschen rufen ihn an, bevor sie etwas Wichtiges unternehmen, damit sie im richtigen Geist handeln und Erfolg haben.

Om Śrī mahāgaṇapataye namaḥ

ॐ श्री महागणपतये नमः

OM Namah Shivaya

Verneige dich vor dem Herrn Shiva

Shiva ist die transformierende
Energie des Universums. Er wird
von Menschen verehrt, die asketisch
veranlagt sind und nie vergessen
wollen, dass alles sich unaufhörlich
ändert. Shiva ist der kosmische
Tänzer, dessen Energie am Ende
jedes Zeitalters das Universum zerstört und in einen nicht-manifesten
Zustand zurückführt. Er sagt uns,
dass das Alte dem Neuen weichen
muss. Seine Energie vernichtet
unsere niederen Triebe und schafft
Platz für positives Wachstum. Shiva
überschreitet alle Grenzen. Oft
wird er als Yogi in tiefer Meditation
dargestellt, unberührt von seiner
Umgebung. Die Schlange, die er als
Schmuck um den Hals trägt, symbolisiert die voll erwachte Kundalini,
die er vollständig beherrscht. Man
sagt, Shiva sei sehr mitfühlend und
immer bereit, jenen zu helfen, die
sich respektvoll auf ihn einstimmen.
Wenn Sie Einzelgänger sind und
Ihre negativen Eigenschaften beseitigen wollen oder wenn Sie sich
zu abstrakten Gedanken hingezogen fühlen und Einsamkeit und
Distanz schätzen, empfinden Sie
wahrscheinlich Sympathie für Shiva.

Om namaḥ Śivāya

ॐ नमः शिवाय

OM Namo Narayanaya

Verneige dich vor dem großen Vishnu

Vishnu ist die bewahrende Energie der Welt. Seit der Schöpfung sorgt seine Energie für die Ordnung im Kosmos. Vishnu nimmt immer wieder auf der Erde menschliche Gestalt an und ermahnt die Menschen, rechtschaffen zu leben. Er symbolisiert Güte und Mitgefühl. Wer viel organisieren muss und für Harmonie in der Welt sorgen will, fühlt sich Shiva verbunden.

Om namo nārāyaṇāya

ॐ नमो नारायणाय

OM Namo Bhagavate Vasudevaya

Verneige dich vor dem großen Vasudeva

Dies ist das Mantra Krishnas. Er ist eine von mehreren Inkarnationen Vishnus. Seine vielschichtige Persönlichkeit zieht spirituelle Sucher von unterschiedlichem Wesen an. Ein Teil seiner Persönlichkeit ist reine Verspieltheit und Freude. Viele sehen in ihm ein unartiges Kind, das in den Wäldern und Wiesen von Vrindavan, seinem Geburtsort, ins göttliche Spiel versunken ist und uns mit seiner unberechenbaren und abenteuerlustigen Natur entzückt. Andere halten ihn für die Inkarnation der göttlichen Liebe. Unablässig lehrt er seine Anhänger die Kunst der vollkommenen Hingabe. Er zieht Menschen an, die das Absolute für unendlich und liebevoll halten und anderen helfen wollen. Die meisten Menschen kennen ihn als inspirierten und weisen Überbringer der *Bhagavad Gita*, einer der größten Yogaschriften. Darin erscheint er in seiner ganzen Glorie. Sein Gespräch mit seinem treuen Schüler Arjuna lehrt die Welt die Kunst der Gelassenheit und Losgelöstheit mitten in den größten Lebenskrisen.

Om namo bhagavate vāsudevāya

ॐ नमो भगवते वासुदेवाय

87

OM Sri Ramaya Namah

*Verneige dich vor dem
großen Rama*

Rama, eine weitere Inkarnation Vishnus, lebte auf der Erde, um für Gerechtigkeit und Tugend zu werben. Die Geschichte seines Lebens ist das Thema des großen Epos *Ramayana*. Rama führte ein vollkommenes und verantwortungsbewusstes Leben. Er und seine Frau Sita stehen für die ideale, hingebungsvolle Beziehung zwischen Mann und Frau. Wer verheiratet ist und Familie, Verantwortung, Ordnung und Ideale für wichtig hält, fühlt sich zu Rama hingezogen, den idealen Sohn, Ehegatten und Gesetzgeber. Wer ein starkes Pflichtgefühl hat, schätzt seine Energie. Als Inkarnation des Selbstopfers strahlt sein Leben Glückseligkeit und völlige Harmonie aus. Sein Mantra beruhigt und tröstet.

Om Śrī rāmāya namaḥ

ॐ श्री रामाय नमः

OM Sri Durgayai Namah

Verneige dich vor Mutter Durga

Durga symbolisiert den mütterlichen Aspekt des Absoluten. Sie ist die Kraft (*Shakti*), durch die das Göttliche Gestalt annimmt. Durga ist Macht, sie ist die Beschützerin und Wohltäterin, die Hüterin der Rechtschaffenheit (*Dharma*), immer bereit, für das Gute zu kämpfen. Nach den Schriften vereinigte sich das Bewusstsein von Brahma, Vishnu und Shiva, um Mutter Durga zu formen. Wer den mütterlichen Aspekt als göttliche, universelle Energie verehrt, fühlt sich zu diesem Mantra hingezogen. Durga ist die perfekte Lehrerin; sie verbindet Standhaftigkeit mit der Liebe, die notwendig ist, um anderen Wissen zu vermitteln.

Om Śrī durgāyai namaḥ

ॐ श्री दुर्गायै नमः

OM Sri Maha Lakshmyai Namah

Verneige dich vor der großen Mutter Lakshmi

Lakshmi schenkt uns unaufhörlich Fülle. Als Gefährtin Vishnus trägt sie zur Erhaltung des Universums bei. Dargestellt wird sie als schöne Frau, die auf einer Lotosblüte sitzt und großzügig die Arme ausbreitet, um materiellen und spirituellen Reichtum zu verteilen. Sie symbolisiert Wohlwollen, Mitgefühl und Güte sowie die Pracht und Unendlichkeit des Universums. Großzügige Menschen, die sich als Kanäle für Energie, Geld, Wissen oder Liebe betrachten, fühlen sich zu Lakshmi hingezogen.

Om Śrī mahālakṣmyai namaḥ

ॐ श्री महालक्ष्म्यै नमः

OM Aim Saraswatyai Namah

Verneige dich vor Mutter Saraswati

Saraswati ist die Quelle alles künstle-
rischen und musikalischen Wissens.
Oft wird sie als anmutige Frau in
weißem Gewand dargestellt. Sie
symbolisiert absolute Reinheit. Als
Gefährtin Brahmas, des Schöpfers,
sorgt sie auch dafür, dass Neues
entsteht. Sie schenkt uns Weisheit und
Wissen und wird daher von vielen
kreativen Menschen verehrt. Ihr
Mantra fördert Intelligenz, Weisheit,
Kreativität und Wortgewandtheit.

Om aiṃ sarasvatyai namaḥ

ॐ ऐं सरस्वत्यै नमः

OM Sri Hanumate Namah

*Verneige dich vor dem
gesegneten Hanuman*

Hanuman ist das Symbol der voll-
kommenen Hingabe. Er ist der
größte und selbstloseste Verehrer
Ramas. Diese totale Hingabe ist das
Geheimnis seiner außergewöhnlichen
Stärke. Er herrscht über *Prana,* die
Lebensenergie, die ihm große Macht
verleiht, und er ist ein Heiler. Das
große Epos *Ramayana* erzählt seine
Geschichte. Sein Mantra strahlt
eine starke Energie aus, die vor allem
Negativemn und vor dunklen
Einflüssen schützt.

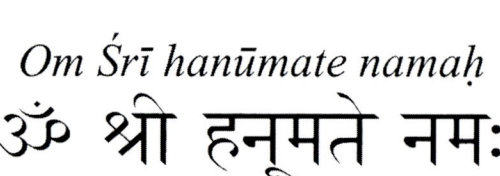

Om Śrī hanūmate namaḥ
ॐ श्री हनूमते नमः

Hare Rama Hare Rama; Rama Rama Hare Hare; Hare Krishna Hare Krishna; Krishna Krishna Hare Hare

Mein Herr Rama! Mein Herr Krishna!

Hare rāma hare rāma rāma rāma hare hare
Hare kṛṣṇa hare kṛṣṇa kṛṣṇa kṛṣṇa hare hare

हरे राम हरे राम राम राम हरे हरे
हरे कृष्ण हरे कृष्ण कृष्ण कृष्ण हरे हरे

Dieses Mantra wird *Maha Mantra* (Großes Mantra) genannt. Man sagt, es passe vorzüglich zum gegenwärtigen Zeitalter. Es ruft die Energie von Rama und Krishna (siehe Seite 87 und 88) herbei. Beide Aspekte des Absoluten sind eine Manifestation der bewahrenden Energie des Kosmos, und zusammen verleihen sie diesem Mantra eine große schützende Kraft.

NIRGUNA-MANTRAS

Soham

Ich bin, was ich bin.

So`haṃ

सोऽहम्

Wenn Sie dieses Mantra sprechen, konzentrieren Sie sich auf Ihre wahre Natur, auf die reine Existenz ohne Form, ohne Eigenschaften, ohne Vergangenheit, Gegenwart und Zukunft. Sie erinnern sich daran, dass der Körper, das Prana und der Geist Ihre Instrumente sind und Ihr Bewusstsein nicht einschränken.

OM

OM ist die heilige Silbe, die das absolute Bewusstsein symbolisiert, und das größte aller Mantras. Alle Mantras sind im OM enthalten, und alle Mantras beginnen mit OM. Es ist die Ur-Schwingung. Das Universum kommt vom OM, ruht im OM und löst sich darin auf. AUM, wie es mitunter geschrieben wird, besteht aus drei Lauten. A ist der erste Laut, den der Stimmapparat äußern kann, und M ist der Letzte. Dazwischen liegt das U. Diese drei Laute enthalten also alle anderen. Sie symbolisieren die drei Zeitphasen – Vergangenheit, Gegenwart und Zukunft – und die drei Bewusstseinszustände. A ist der Wachzustand, U der Traum und M der Tiefschlaf. Alle Buchstaben des Sanskrit-Alphabets sind aus OM hervorgegangen, ebenso alle Sprachen und Gedanken sowie die Energieschwingungen des Universums.

Dank seiner universellen Natur kann jeder, der keinen Lehrer findet, OM verwenden. Doch gerade deshalb und weil es keine Form hat, können Anfänger es recht schwer verstehen. Man braucht einen starken Geist, um sich auf ein formloses und abstraktes Mantra wie OM konzentrieren zu können.

Die Japa-Meditation mit OM hat eine enorme Wirkung auf Körper und Geist, und die Schwingungen dieses Mantras sind überaus mächtig. Wenn Sie die Hände auf die Ohren legen und OM rezitieren, spüren Sie seine Schwingungen auf einer ganz elementaren körperlichen Ebene. Richtig ausgesprochen geht der Laut als tiefe, harmonische Schwingung vom Nabel aus und fließt langsam zum oberen Teil der Nasenlöcher. Wenn Sie das U sprechen, rollt der Laut vom Kehlkopf und von der Zungenwurzel durch den Gaumen, den Resonanzboden des Mundes. M ist der letzte Laut und wird durch Schließen der Lippen erzeugt.

Wenn Sie OM so aussprechen, wie man es schreibt, hat es eine gewisse Wirkung auf das Nervensystem und tut der Psyche gut. Konzentriert und hingebungsvoll als AUM gesprochen, erregt und transformiert das Mantra jedes Atom des materiellen Körpers,

löst neue Schwingungen aus und weckt schlummernde körperliche und geistige Kräfte. Es gibt dem Körper Spannkraft und Kraft. Rezitieren Sie OM 50-mal, wenn Sie deprimiert sind – das macht Sie munter und fröhlich. OM stärkt die Inspiration und die Intuition. Swami Sivananda sagte: »Lebe im OM. Meditiere über OM. Atme OM aus und ein. Verweile friedlich im OM. Suche Zuflucht im OM.«

KAPITEL SECHS

DIE TRANSFORMIERENDE KRAFT DER MEDITATION

Der allmähliche Fortschritt im körperlichen und seelischen Wohlbefinden, der sich einstellt, wenn Sie meditieren, ist überwiegend
stumm und unsichtbar wie eine Knospe, die sich zur Blume entfaltet.
Erwarten Sie keine Veränderungen, sonst sind Sie enttäuscht, wenn
Sie Ihre Ziele nicht innerhalb einer bestimmten Zeit erreichen.
Der Wandel tritt auf einer tiefen, subtilen Ebene ein und wird nur
allmählich spürbar – entweder für Sie oder für die Außenwelt. Es
gibt keine objektiven Tests, um Ihre Fortschritte beim Meditieren
zu messen; aber es gibt allgemeine Indikatoren, und alle, die regelmäßig meditieren, entdecken sie früher oder später.

MEDITATION, EIN GROSSER ENERGIESPENDER

Die Meditation ist ein gutes Stärkungsmittel für den Körper. Erst
seit kurzem wissen die Wissenschaftler, dass der Geist die Zellen
beeinflusst. Bis vor einigen Jahren reagierten sie völlig ungläubig,
wenn Yogis mit der Kraft ihres Geistes angeblich unwillkürliche
Funktionen wie Herzschlag, Atmung und Kreislauf beeinflussten.
Sie glaubten, das autonome Nervensystem sei vom Bewusstsein
unabhängig. Inzwischen hat das Biofeedback bewiesen, dass wir
durch Konzentration die meisten Körperfunktionen steuern können.
Die moderne Forschung hat also bestätigt, dass der Geist jede
einzelne Zelle und jedes Gewebe beeinflussen kann.

Jede Zelle wird vom instinktiven, unbewussten Geist regiert, und
jede hat sowohl ein individuelles als auch ein kollektives Bewusstsein. Gedanken und Begierden aktivieren die Zellen, und der Körper
gehorcht. In der Meditation fließt viel mehr Prana in die Zellen,
verjüngt sie und hemmt ihren Verfall. Die mächtigen, belebenden
Wogen durchdringen die Zellen, stärken alle Organe, fördern die
Heilung und beugen vielen Krankheiten vor. Es ist eine Tatsache,
dass Menschen, die regelmäßig meditieren, viel seltener als andere
zum Arzt oder ins Krankenhaus gehen müssen.

*Ein Shiva-Yantra in buntem Sand. Ein Yantra ist die Gottheit in Form von geometrischen Mustern.
Fortgeschrittene konzentrieren sich während der Meditation auf solche Yantras.*

Die Meditation fördert Bildung, Wachstum und Reparatur von
Zellen (Anabolismus) und hemmt den Zellabbau (Katabolismus).
Wenn wir über 35 Jahre alt sind, verlieren wir täglich 100 000 Ge-
hirnzellen; aber die Meditation verringert diesen Verlust und
verhindert oder lindert dadurch die Senilität.

Wenn Sie meditieren, brauchen Sie allmählich weniger Schlaf.
Manche Fortgeschrittene schlafen nur noch drei Stunden und fühlen
sich dennoch ausgeruhter als früher. Das Verdauungssystem wird
leistungsfähiger, sodass Sie weniger essen und ausscheiden müssen.
Körper und Geist fühlen sich leichter an. Die Sinne werden schärfer,
sodass Sie klarer hören und sehen, auch auf einer subtileren Ebene.
Die Meditation ist ein großartiger Energiespender. Sie fühlen sich
lebendiger und stärker. Funkelnde Augen, ein stetiger Blick, eine
gesunde Haut, eine kräftige, aber angenehme Stimme und ein
starker, gut riechender und gesunder Körper bestätigen Ihnen, dass
Sie beim Meditieren Fortschritte machen.

DER GEIST WIRD RUHIGER

Die Meditation verringert die Herzfrequenz und den Sauerstoff-
verbrauch und daher auch den Stress. Sie ist ein gutes Stärkungsmittel für den Körper und das Nervensystem. Jeder Teil des Körpers
bis hinab zu den Zellen kann sich entspannen und verjüngen. Die
Ruhe und die Gelassenheit, die Sie im Wachzustand ausstrahlen,
zeugt von Ihren Fortschritten beim Meditieren. Hat der Geist einen
Teil seiner Trägheit und Schwere abgeschüttelt? Fühlen Sie sich
friedlicher und glücklicher, sind Gefühlsausbrüche seltener geworden?
Werden Sie gelassener und zufriedener? Wenn die Antwort auf
eine dieser Fragen ja lautet, wissen Sie, dass Ihre Meditation sich
lohnt.

Bisher haben Sie sich mit Gefühlen, Gedanken und Handlungen
identifiziert; nun lösen Sie sich nach und nach von ihnen und
schlüpfen in die Rolle eines Beobachters – es ist, als würden Sie
einen anderen beobachten. Sobald Sie sich ohne Tadel und ohne
Lob selbst beobachten, nimmt die Macht der gewohnten Gedanken

und Gefühle ab. Sie halten sich von den Spielchen des Ichs fern und lernen, Verantwortung für sich selbst zu übernehmen. Wenn Sie an Süchten leiden, lässt das Verlangen allmählich nach. Bindungen, Vorlieben und Abneigungen nebst der mit ihnen einhergehenden Unruhe werden schwächer. Negative Tendenzen nehmen ab, und der Geist wird stabiler. Ihr Gesichtsaudruck wird ruhig und gelassen. Sie leben ausgewogen und glücklich, lassen sich nicht mehr erschüttern und sind mit dem Leben zufrieden.

DIE INNERE KLARHEIT NIMMT ZU

Wenn die geistige Kraft wächst, wird auch der Verstand schärfer, denn die Konzentration stärkt die Willenskraft und das Gedächtnis und somit auch den Intellekt. Einsatzbereitschaft, Scharfsinn und Wendigkeit machen Sie allmählich erfolgreicher bei der Arbeit. Ihre Fähigkeit, Ideen zu analysieren und Zweifel zu überwinden, nimmt zu, und deshalb können Sie schnell die richtigen Entscheidungen treffen. Was früher vier Stunden dauerte, schaffen Sie jetzt in einer Stunde. Was früher schleierhaft war, wird klar. Was früher schwierig war, wird einfacher, und was komplex und verwirrend war, begreifen Sie nun sofort. Sie arbeiten sehr erfolgreich und mit wissenschaftlicher Präzision. Der Geist wird klar, stark und subtil und lässt sich nicht ablenken; die mentalen Bilder werden gestochen scharf, die Gedanken prägnant und wohlbegründet. Sie lösen sich von den Fesseln des Alltags, und die Folge sind weniger Stress und mehr Frieden.

DIE ALLMÄHLICHE TRANSFORMATION DER PERSÖNLICHKEIT

Dank des neu gewonnenen Friedens ändern sich Ihr Verhalten und Ihre Einstellung zum Universum. Lethargie und Faulheit, Schmerzen und Sorgen lassen nach, Fröhlichkeit und Freude nehmen zu. Da Sie auch achtsamer werden, leben Sie mehr in der Gegenwart und vergeuden weniger Zeit mit Träumereien von einer imaginären Zukunft und einer beschönigten Vergangenheit. Sie können Ihr ganzes Leben entrümpeln. Die meisten Meditierenden beginnen innerhalb weniger Wochen, Schränke und Schubladen zu ordnen. Aufgaben und Pflichten, die Sie monatelang aufgeschoben haben, packen Sie jetzt freudig an, und die Aktenberge auf Ihrem Schreibtisch schrumpfen.

Mit der Zeit lernen Sie, alle Menschen zu lieben, auch Ihre Feinde. Ihr starker Geist verkraftet Beleidigungen und tritt den alltäglichen Herausforderungen energisch, mutig und geduldig entgegen. Situationen und Leuten, über die Sie sich früher geärgert haben, begegnen Sie jetzt gelassen. Der Computer stürzt immer noch ab, aber Sie regen sich weniger darüber auf und bewahren einen kühlen Kopf, wo Sie einst nervös, wütend und ängstlich reagiert haben. Ihre Persönlichkeit wird magnetisch und dynamisch. Ihre inspirierende, mitfühlende Art, Ihre überzeugenden Worte und Ihr spirituelles Wesen beeinflussen die Menschen, mit denen Sie Kontakt haben. Die Menschen empfangen Freude, Frieden und Kraft von Ihnen, fühlen sich zu Ihnen hingezogen und kommen in bessere Stimmung.

Natürlich stellen sich diese Zeichen des Fortschritts nicht sofort ein, und vielleicht müssen Sie jahrelang regelmäßig üben, bis Sie tief greifende Wirkungen verspüren. Lassen Sie sich deshalb nicht entmutigen – es geht dennoch vorwärts.

Manchmal sind die Fortschritte kaum wahrnehmbar. Doch schon nach einem oder zwei Monaten verbessert sich Ihr Leben in allen Bereichen. Ihre Freunde und Angehörigen fragen, ob Sie im Urlaub waren oder eine Kur gemacht haben! Wenn diese Veränderungen beginnen, dürfen Sie aber nicht selbstgefällig werden und weniger intensiv üben. Das ist sehr wichtig. Wie bereits erwähnt, können auch tiefe Schichten des Geistes unrein sein, und das merken Sie nur, wenn Sie daran arbeiten. Wenn Sie ein Hindernis überwunden haben, stoßen Sie auf ein Neues. Vielleicht bekommen Sie Ihre Esssucht in den Griff – aber eine andere Sucht meldet sich plötzlich mit doppelter Stärke. Wenn Sie Ihre Gier überwunden haben, werden möglicherweise Ihre Wutanfälle heftiger, und wenn Sie den Egoismus aus der Vordertür gejagt haben, schleicht er sich durch die Hintertür wieder ins Haus.

Sie brauchen Geduld, Ausdauer, Wachsamkeit und unerschütterliche Kraft. Seien Sie standhaft. Schweigen Sie, wenn die Leute sich über Sie lustig machen oder Sie beleidigen. Jede überwundene Versuchung, jeder schädliche Gedanke, den Sie abblocken, jedes überwundene Verlangen, jedes zurückgehaltene zornige Wort, jedes edle Denken und Streben stärken die Willenskraft, den Charakter und den inneren Frieden. Da Sie sich und andere besser verstehen, knüpfen Sie gute und lohnende Beziehungen. Sie bekommen Ihr Leben besser in den Griff, als Sie es früher für möglich hielten. Meditation ist der Weg zur Vollkommenheit. Üben Sie also weiter, und genießen Sie den Frieden und die Stille, die sich langsam in Ihrem Innern entfalten.

TEIL II
ES GEHT WEITER

KAPITEL SIEBEN

RELIGIÖSE UND VEDANTISCHE MEDITATION

Das Wesen der Meditation ist einfach: Wir konzentrieren uns einige Zeit auf ein einziges Objekt. Anfänger können jedes angenehme Objekt wählen. Ein Mantra ist eine der einfachsten Methoden, um den ständig abschweifenden Geist zu zügeln. Wenn Sie erst anfangen zu meditieren, kennen Sie die Macht des Mantras noch nicht. Sie spüren zwar seine entspannende Wirkung, nehmen es aber noch nicht ins Herz auf. Mit der Zeit begreifen Sie allmählich, dass ein Mantra mehr kann. Der Geist wird dank der regelmäßigen Meditation und einer gesünderen Lebensweise ruhiger, die Einsicht wird tiefer. Sobald der Geist frei von negativem Denken ist, wird die Meditation bedeutsamer und wirksamer. Ein neues Gefühl der Verbundenheit mit dem Mantra auf der Ebene des Herzens und eine bessere Einsicht in Ihre wahre Natur zeugen von Ihren Fortschritten.

RELIGIÖSE MEDITATION

Die Mantra-Rezitation öffnet das Herz und ist der Schlüssel zu einer erfolgreichen Meditation. Sie müssen mit dem Herzen üben, sonst bleibt die Meditation oberflächlich und kann den Geist nicht tief greifend heilen. Patanjali rät in den *Yogasutras,* die Konzentration lange Zeit ohne Unterbrechung und mit aufrichtiger Hingabe zu üben. Bei der religiösen Meditation, auch *Saguna*-Meditation genannt, visualisieren Sie einen Aspekt der höchsten Wirklichkeit und wiederholen den Namen der Gottheit in Form eines Mantras. Dadurch bauen Sie eine Beziehung zu Gott, zum Absoluten auf.

Die höchste Wirklichkeit ist nicht auf eine bestimmte Form beschränkt, aber Gott kann jede Gestalt annehmen. Wenn er sich manifestiert, wird er zur Person. Wer ein Saguna-Mantra verwendet, verbindet sich mit *Bhakti* Yoga, dem Yogapfad, der Gefühle in universelle Liebe umwandelt. Bhakti Yoga verehrt eine personale Form des höchsten Bewusstseins, um unserer Hingabe ein Ziel zu geben und sie zu vertiefen.

ARATI

Ein kurzes Ritual namens *Arati* reinigt nach der Meditation die Energie im Zimmer. Bei dieser Zeremonie opfern Sie eine Flamme, während Sie Ihr Mantra rezitieren. Wenn Sie vorübergehend an einem fremden Ort meditieren, sollten Sie ihn mit Arati von negativen Energien befreien. Sobald Sie mit der Meditation und dem Energiewandel, den sie mit sich bringt, vertraut sind, wollen Sie diese Reinheit in Ihnen und in der Umgebung gewiss verstärken. Dabei hilft Arati sehr. Den Arati-Text, den die Sivananda Yoga Zentren verwenden, finden Sie auf Seite 159.

Bhakti Yoga zeigt uns, wie wir die persönliche Beziehung zum höchsten Bewusstsein weiterentwickeln können – wir erlangen Selbsterkenntnis durch reine Liebe, mit der wir die Gottheit (oder einen Aspekt Gottes) überschütten. Was die Gestalt der Gottheit und die Art der Beziehung anbelangt, sind wir völlig frei. Gott ist nicht nur der Vater, sondern auch die göttliche Mutter. Wir können uns Gott als Freund, Herrn, göttliches Kind oder göttlichen Geliebten vorstellen. Im Bhakti Yoga betrachten wir Gott als Herrn dieses Universums (*Ishvara*), das er erschafft, erhält und zerstört. Diese drei Aspekte Gottes heißen Brahma, Vishnu und Shiva. Die Macht der Schöpfung wird aber auch von der göttlichen Mutter, der Trägerin des Lebens und Beschützerin aller Wesen im Kosmos, symbolisiert. Das beste Sinnbild für den bewahrenden Gott ist ein Avatar – die Gestalt, in der sich Gott auf der Erde manifestiert, um Rechtschaffenheit wiederherzustellen und für Ausgewogenheit und Frieden zu sorgen. Krishna, Buddha und Christus gelten als Avatars, und das Christentum ist ein Beispiel für den Bhakti-Weg. Der zerstörerische oder transformierende Aspekt Gottes wird meist durch Shiva dargestellt, dessen kosmischer Tanz das ewige Wechselspiel der Energie im Universum symbolisiert. Diese Energie verändert alle Erscheinungen unablässig und zerstört sie, damit sie neu geschaffen werden können.

Neben der Mantra-Rezitation gibt es noch weitere Hilfsmittel, um die Hingabe zu vertiefen: Rituale wie Blumen- oder *Arati*-Opfer (siehe links) oder Gebete an einen Aspekt Gottes. Mit der Zeit wird das Gefühl der Verbundenheit mit Gott stärker. Sie sind weniger auf Ihre emotionalen Beziehungen angewiesen, um ausgeglichen und glücklich zu sein, denn Ihre Beziehung zu Gott verschafft Ihnen Befriedigung und Freude. Wahre Hingabe führt Sie sicher durch die Höhen und Tiefen des Lebens und ist der Anker, an dem Sie sich in schwierigen Zeiten festhalten können. Sie hilft Ihnen, den Geist zu stabilisieren und die Konzentration zu vertiefen. Der Geist folgt dem Herzen, und darum ist es leicht, sich auf etwas zu konzentrieren, was Sie lieben. Die Meditation über Ihr *Ishta Devata* (einen

Aspekt Gottes) ist der erste Schritt auf diesem religiösen Weg zur Einheit mit dem höchsten Bewusstsein. Schließlich erkennen Sie, dass diese Gestalt nichts anderes ist als Ihr inneres Selbst, und Sie sehen das Selbst in allen Formen. Darum begrenzt die Form Ihr Bewusstsein nicht, sondern führt Sie zum unendlichen Bewusstsein. Warum brauchen Sie dann eine Gottheit zum Meditieren? Solange das Herz nicht erwacht, können Sie den Geist nicht stabilisieren. Hingabe ist also kein Umweg; sie ist ein notwendiger Schritt im meditativen Prozess.

Bija-Mantras

Manche Saguna-Mantras verbinden Sie nicht mit einer personalen Gottheit, sondern durch die eine, mystische Kraft des Lautes mit der höchsten Wirklichkeit. Sie heißen *Bija-Mantras* (Saat-Mantras) und haben für den Verstand keine Bedeutung. Sie wirken, weil sie unmittelbar auf die *Nadis* des Astralleibes einwirken. Da sie in den Chakras schwingen, beseitigen sie durch subtile Massage Hindernisse, sodass *Kundalini* (spirituelle Energie) frei fließen kann. So wie die Gottheiten Aspekte des Höchsten sind, stellen die Bija-Mantras Aspekte des höchsten Mantras OM dar. Sie sind Saat-Buchstaben, hervorgegangen aus den 50 Urlauten. Die meisten bestehen aus einem Buchstaben, manche aus mehreren. Jede Gottheit hat ihre eigene Saat-Silbe, die eine enorme Macht besitzt. Darum erhalten Initianden in der Regel kein Bija-Mantra. Nur wer rein ist, darf sie benutzen, aber vorher sind komplizierte Rituale notwendig. Wird ein Bija-Mantra missbraucht, kann es seelische Schäden anrichten. Wenden Sie also solche Methoden für Fortgeschrittene nur unter der Aufsicht eines Lehrers an.

VEDANTA-MEDITATION

Bei dieser Technik meditieren Sie nicht nur zu bestimmten Zeiten, sondern den ganzen Tag. Die Vedanta-Philosophie gründet auf der Lehre der Upanischaden, die den Schlussteil der *Veden* bilden, der ältesten Schriften Indiens (*Vedanta* bedeutet wörtlich »Ziel des Wissens«). Der Ursprung der Veden ist unbekannt, aber man sagt,

DIE UPANISCHADEN

Die *Upanischaden* sind der letzte Teil der *Veden* und bilden das Fundament der vedantischen Philosophie. Sie gelten als mystische Erfahrungen der großen Weisen. Das Wort *Upanischad* bedeutet »sich in der Nähe niedersetzen«, also bei einem Lehrer oder Guru, der sein spirituelles Wissen mündlich an seinen Schüler weitergibt. Die Tradition kennt 108 Upanischaden. Swami Sivananda sagt dazu: »Kein Werk auf der ganzen Welt ist so faszinierend, herzergreifend und inspirierend wie die Upanischaden. Sie lehren uns die Philosophie der absoluten Einheit und enthalten die sublime Wahrheit des Vedanta. Der weite Blickwinkel, die tiefen Einsichten und die wunderbare Vielschichtigkeit dieser heiligen Schriften sind erstaunlich und atemberaubend.«

VEDANTA

Vedanta ist eine der sechs klassischen indischen Philosophien. Nach Swami Sivananda ist es das Ideal, das wir in unser Leben integrieren sollten, und Yoga ist die praktische Methode, um das zu erreichen. Vedanta lehrt, dass jedes Individuum seinem tiefsten Wesen nach mit dem höchsten Selbst eins ist. Es erinnert uns also an unsere wahre Natur. In uns allen wohnt ein gemeinsames Selbst oder Bewusstsein. Darum rät uns Vedanta, das Gefühl der Individualität, den Glauben an »ich« und »mein« zu überwinden und uns mit einer selbstexistenten, selbststrahlenden Essenz zu identifizieren – das Selbst in uns und in allen Wesen zu sehen. Vedanta lehrt die Einheit alles Lebens und die Einheit des Bewusstseins. Wir finden es in der Lehre der Veden, der heiligen Schriften der großen indischen Weisen.

Sri Sankaracharya lebte vor etwa 1200 Jahren und ist der Hauptvertreter der vedantischen Philosophie.

sie seien von Heiligen inspiriert worden, die über Gott meditiert hätten. Nach der vedantischen Philosophie ist das unendliche Bewusstsein, das kosmische Selbst, unsere wahre Natur – es ist in allen Wesen ein und dasselbe. Die Vedanta-Meditation ist mit *Jnana* Yoga verbunden, dem Pfad des Wissens. Das Ziel ist Selbsterkenntnis ohne Hilfe einer Form, nur durch Konzentration auf das reine Bewusstsein.

Im Jnana Yoga zielt der meditative Prozess darauf ab, diese Wahrheit erst intellektuell, dann durch unmittelbare Erfahrung zu erkennen. Er basiert auf Beobachtung, kritischem Urteilsvermögen und Loslösung und setzt spirituelle Reife, eine ausgewogene Persönlichkeit und einen bereits ruhigen und starken Geist voraus.

Vedanta kennt mehrere Methoden, um unsere wahre Natur zu enthüllen. Alle verlangen, dass wir uns nicht länger mit dem Körper und dem Geist identifizieren und das wahre Ausmaß unseres Seins begreifen. Ein Behälter vermittelt die Illusion, dass sein Rauminhalt kleiner als der äußere Raum und von diesem getrennt ist; der Geist schafft sich seine eigenen Wände und täuscht eine Trennung vom Selbst vor. Sobald wir uns nicht mehr mit der Form identifizieren, sind wir zum Kern der Vedanta-Meditation vorgedrungen, einerlei, welche Methode wir verwenden.

Analyse durch Verneinung

Neti-neti bedeutet »nicht das, nicht das«. Es ist die vedantische Analyse durch Verneinung. Wenn Sie herausfinden, was Sie nicht sind, verstehen Sie besser, was Sie sind. Sobald Sie alles verneint haben, was begrenzt ist, finden Sie die Antwort auf die Frage: *Wer bin ich?* Bei dieser Meditation stellen Sie sich die Fragen: *Bin ich der Körper? Bin ich das Prana? Bin ich die Sinne? Bin ich die Gefühle? Bin ich der Geist?* Jedes Mal kommen Sie zu dem Schluss, dass Sie mehr sind – Sie sind nicht das begrenzte Selbstgefühl, nicht Ihr Name, Ihr Beruf, Ihre Nationalität oder Ihre Religion. Zum Schluss transzendieren Sie die weltlichen Erfahrungen, da Sie alles verneint haben und nur das Selbst übrig bleibt. Zunächst kommt der

Verstand zu diesem Schluss. Aber wir brauchen die unmittelbare Erfahrung, weil es letztlich nicht um intellektuelles Verstehen geht. Wenn alle intellektuellen Möglichkeiten verneint wurden, haben Sie 99 Prozent Ihres Zieles erreicht. 100 Prozent sind verwirklicht, wenn Sie die Wahrheit unmittelbar und intuitiv erkennen.

Die Beobachtung des Geistes

Sakshi bhav heißt »Zeuge sein«. Sie beobachten den Geist, als würden Sie einen Film betrachten; aber Sie identifizieren sich nicht mit ihm. In jeder Situation sagen Sie: *Daran bin ich nicht beteiligt. Ich schaue nur zu.* Das schließt eine Innenschau und die genaue Beobachtung aller Gedanken ein. Der Geist will nicht beobachtet werden, und darum arbeitet er langsamer; doch ohne Kampf gibt er nicht auf. Er kennt viele Wege, Sie zu täuschen, und will Sie dazu überreden, die Beobachterrolle aufzugeben. Wenn Sie nicht äußerst wachsam sind, lenkt er Sie ständig ab. Auch das müssen Sie geduldig beobachten und entschlossen auf Ihren Beobachterposten zurückkehren. Lenken Sie den Geist sanft, ohne mit ihm zu streiten. Wenn Sie *OM sakshi aham* (,,Ich beobachte alles, was ich tue«) rezitieren und sich beharrlich von diesen geistigen Prozessen distanzieren, verschwindet schließlich das individuelle Ich.

Das Aufgehen in der Quelle

Laya Chintana ist eine Methode für Fortgeschrittene. Sie hat das Ziel, den Geist wieder mit seiner wahren Quelle, dem reinen Bewusstsein, zu vereinigen. Die philosophische Grundlage dafür ist die Identität zwischen Makro- und Mikrokosmos. Indem Sie den Schöpfungsprozess beobachten, vertiefen Sie die intuitive Einsicht in die Funktionen des Geistes und lernen, ihn zurück zur Quelle zu bringen. Bei dieser Meditation geht die Wirkung in ihrer Ursache auf. Vedanta lehrt, dass das ganze Universum nur eine Kombination der fünf Elemente Erde, Wasser, Feuer, Luft und Äther ist. Wir finden diese Elemente sowohl im Makro- als auch im Mikrokosmos (im menschlichen Körper). Im Laufe der universellen Evolution tauchen die Elemente in dieser Reihenfolge aus der kosmischen Quelle auf:

Äther, Luft, Feuer, Wasser und Erde. Die Laya-Chintana-Meditation kehrt die Evolution um: In Ihrem Bewusstsein kommt es zu einer Involution, das heißt, Sie beginnen mit dem gröbsten Element und wandern zurück zum subtilsten, wobei jedes mit dem nächsten verschmilzt.

Zuerst meditieren Sie über das Element Erde und visualisieren, dass alles Solide aus dem Flüssigen (dem Element Wasser) hervorgeht. Diese flüssige Energie kommt aus dem Feuer, das seinerseits entsteht, wenn Gas explodiert. Gas oder Luft bildet sich aus dem Äther oder dem reinen Raum. Der Raum existiert nur im reinen Bewusstsein. Diese kreative Visualisierung, bei der jedes Element auf seine Ursache zurückgeführt wird, bewirkt schließlich, dass Sie die wahre Natur des Körper-Geist-Vehikels durchschauen. Es sieht solide aus, besteht aber hauptsächlich aus Flüssigkeit; dahinter brennt das Feuer des Stoffwechsels, hinter ihm fließt Prana, und hinter diesem ist nur leerer Raum. Zum Schluss wird Ihnen klar, dass der Raum im Bewusstsein enthalten ist.

Der abstrakte Pfad

Die Vedanta-Meditation ist natürlich hoch entwickelt und setzt eine gründliche Vorbereitung des Geistes voraus – er muss durch selbstloses Dienen, Asanas, Pranayama und religiöses Meditieren rein, selbstlos und konzentriert werden. Bevor wir uns dem Pfad des Jnana Yoga auch nur nähern können, müssen wir Raja und Bhakti Yoga gut beherrschen. Ein Erfolg bei der Vedanta-Meditation setzt die Hilfe eines weit fortgeschrittenen Lehrers voraus, der Sie von der Neigung zum intellektuellen Hochmut befreit – und vom Gefühl der Trockenheit und Sterilität, wenn Sie falsch üben. Beginnen Sie mit der Saguna-Meditation, um die Gefühle, die Sinne und den Geist in den Griff zu bekommen und – das ist am wichtigsten – um demütig zu werden. Erst dann dürfen Sie sich auf den abstrakten Pfad wagen.

KAPITEL ACHT

DIE KUNST DES RECHTEN LEBENS

Nach der Yoga-Philosophie wird das Universum vom Gesetz der kosmischen Harmonie regiert, dem *Gesetz des Dharma*. Für das Individuum bedeutet das, verantwortungsbewusst zu handeln und sich seinem Alter, seiner sozialen Stellung und seiner spirituellen Bewusstheit gemäß zu verhalten. Dieses Gefühl der gesellschaftlichen Verantwortung muss hoch entwickelt sein, damit wir erfolgreich meditieren können. Andernfalls bleiben die Grundzüge der Persönlichkeit unverändert: Eifersucht, Stolz, Wut und Egoismus beherrschen das Verhalten weiter.

Menschen, die seit vielen Jahren mit geringem Erfolg meditieren, beklagen sich vielleicht darüber. Bei ihnen stellt sich oft heraus, dass sie das »rechte Leben« vernachlässigen. Swami Sivananda sagte dazu: »Wer ohne moralische Vervollkommnung meditiert, kann die Früchte der Meditation nicht ernten.«

Viele Menschen sind davon überrascht, vor allem deshalb, weil wir heute nicht gerne über Moral reden. Warum ist das notwendig? Warum soll das rechte Leben die Grundlage unseres Verhaltens sein? Die Antwort lautet: Weil wir andernfalls keine wahren Menschen sind. Unverantwortliches und gedankenloses Handeln führt zu Sorge und Leid. Durch rechtes Leben können wir die Grenzen des Instinkts überschreiten.

Allerdings ist das rechte Leben im Yoga nicht das Endziel. Yoga will den Geist reinigen, damit wir das Wissen der Seele empfangen und allmählich spiritueller werden, indem wir negative Neigungen unaufhörlich transformieren. Yoga lehrt, dass alles Seiende sich unaufhörlich weiterentwickelt, bis es seine innewohnende Göttlichkeit ausdrücken kann. Der Kern und der Zweck des rechten Lebens besteht darin, dieses Ziel durch Läuterung des Geistes zu erreichen. Das gelingt nur, wenn wir auf negative Gedanken und Handlungen verzichten und gleichzeitig gute Gedanken und Taten pflegen. Wenn das Tun, die Gefühle und das Streben rein sind, wird auch der Geist rein und still. Ein reiner Geist ist konzentriert und wendet sich von selbst nach innen. Auch der meditative Zustand stellt sich ganz von selbst ein, sobald der Geist rein ist.

Die philosophische Grundlage der Dharma-Meditation ist die Tatsache, dass es nur *ein* Selbst gibt, das sich in unendlich vielen Wesen ausdrückt. Jenseits der Vielfalt von Körpern und Persönlichkeiten liegt ein und dasselbe Bewusstsein. Existenz ist normal – in allen Wesen schwingt dasselbe Leben. Wir leben wahrhaft moralisch, wenn wir uns dieser universellen Einheit bewusst sind. Diese Bewusstheit weitet sich mit zunehmender Erfahrung aus. Letztlich spiegelt unsere Beziehung zu den Menschen und zur Umwelt unsere Beziehung zu uns selbst wider. Wenn wir einer anderen Kreatur schaden, dann schaden wir uns selbst, und wenn wir ihr helfen, dann helfen wir uns selbst. Je weniger wir mit unserem Körper, unseren Gefühlen und Gedanken vertraut sind, desto unglücklicher und isolierter fühlen wir uns. Wir glauben, getrennt von anderen zu existieren, und darum fällt es uns schwer, Kontakte herzustellen. Recht leben heißt, sich auf allen Existenzebenen mit allem verbunden fühlen. Am einen Ende des Spektrums sehen wir Vielfalt, die wir achten müssen; am anderen Ende liegt die intuitive Erkenntnis der Einheit aller Dinge. Rechtes Leben ist der Weg, der von der Vielfalt zur Einheit führt.

Wahre Moral lässt es nicht zu, dass wir von uns selbst eingenommen sind oder persönlichen Vorteilen nachjagen; sie verlangt vielmehr, dass wir uns für das Wohl des Ganzen opfern. Yoga betrachtet dieses Opfer als Pflicht jedes Menschen. Diese Pflicht geht persönlichen Rechten vor. Eine Verpflichtung gegenüber der Existenz mag uns im Westen sonderbar vorkommen, denn wir werden ständig aufgefordert, zu konsumieren und ein Leben lang nach Lust und individuellen Privilegien zu streben. Wenn wir uns jedoch bemühen, unsere Pflicht zu erfüllen, erweitern sich das Herz und der Geist, und wir werden zufriedener und reicher. Unsere Freuden, unser Glück, unsere Interessen und Hobbys werden subtiler. Das Glück ist ein Schatten; wenn wir es verfolgen, läuft es weg, doch wenn wir es in Ruhe lassen und uns liebevoll auf unsere Pflichten konzentrieren, empfinden wir ein neues Gefühl der Befriedigung und Harmonie.

Rechtes Leben weitet das Herz und baut Egoismus ab. Wir können unser Verhalten jedoch nur dann dauerhaft ändern, wenn wir ständig und systematisch daran arbeiten. Der Geist ist ein Garten, seine Unreinheiten sind das Unkraut, das wir täglich jäten müssen, damit der Garten sauber bleibt. Alles, was wir tun, hinterlässt einen geistigen Eindruck, und wenn wir es wiederholen, entwickelt sich daraus eine Neigung, dann eine Gewohnheit, mit der Zeit ein Charakter und schließlich unser Schicksal. Wir müssen bewusst die Verantwortung für unser Handeln übernehmen und uns seiner Folgen genau bewusst sein.

Rechtes Leben setzt zunächst voraus, dass Sie dem Geist Freigebigkeit beibringen. Swami Sivananda sagte dazu: »Geben ist das Gesetz des Lebens.« Diese Einstellung können Sie im täglichen Leben entwickeln. Schenken Sie anderen Zeit, Energie, Essen, Ermutigung. Spenden Sie einen Teil Ihres Einkommens für wohltätige Zwecke. Teilen Sie Ihr Glück und Ihr positives Denken mit anderen. Denken Sie stets an Swami Sivanandas Aufforderung: »Tue Gutes und sei gut.« Das Ziel Ihres Lebens besteht darin, Ihr volles Potenzial und Ihre wahre Natur auszudrücken. Um dieses Ziel zu erreichen, müssen Sie die Instinkte transformieren und die höheren Aspekte der Persönlichkeit stärken. Das geschieht durch selbstloses Handeln mit einer glücklichen und unbekümmerten Gesinnung. Verzichten Sie auf persönlichen Lohn, und genießen Sie das Gefühl der Freiheit und Freude.

Tun Sie nie etwas, was andere nicht wissen dürfen. Andernfalls müssen Sie heimlich leben und Entdeckung fürchten. Seien Sie sich Ihrer Beweggründe immer bewusst – denn das Motiv ist wichtiger als die Tat selbst. Die meisten Handlungen gehen auf eine unbewusste Gewohnheit zurück und gründen auf dem Verlangen nach Lust, Sicherheit, Macht und Anerkennung. Setzen Sie sich abends hin, schließen Sie die Augen, und denken Sie über die Ereignisse des Tages nach. Haben Sie etwas nicht beendet, haben Sie Fehler gemacht? Fragen Sie sich, was Sie hätten anders machen sollen, ohne Selbstvorwürfe und ohne Scham. Lassen Sie sich dabei von Ihrem spirituellen Tagebuch leiten (siehe Kapitel neun). Regelmäßige Innenschau hilft Ihnen, negative Gedanken zu überwinden, die Sie mitunter überwältigen, aber auch die tieferen negativen Gedankenmuster im Unbewussten. Wenn Sie weiter üben, werden Sie feststellen, dass Ihre Motive selbstlos und mitfühlend werden.

DIE REGELN DES RECHTEN LEBENS

Yoga hat Regeln über das gesellschaftliche und individuelle Verhalten aufgestellt, die *Yamas* und *Niyamas* heißen. Sie sind die ersten zwei Schritte des Raja Yoga und die Grundlage des spirituellen Lebens, auf dem die Meditation aufbaut. Yamas und Niyamas löschen Verlangen, Gier, negative Eigenschaften, Grobheit, Gewalt und Grausamkeit aus. Sie erweichen allmählich das Herz und füllen es mit Liebe und Güte.

Yamas

Die fünf Yamas ermöglichen es uns, mit der äußeren Welt richtig umzugehen. Es sind Regeln des sozialen Verhaltens ähnlich wie die Zehn Gebote des Christentums oder der Achtfache Pfad der Buddhisten. Sie heißen *Ahimsa* (Gewaltlosigkeit), *Satya* (Wahrhaftigkeit), *Brahmacharya* (Beherrschung der Sinne), *Asteya* (Nicht-stehlen) und *Aparigraha* (Nicht-besitzgierig).

Ahimsa (Gewaltlosigkeit) bedeutet, dass wir keinem lebenden Wesen in Gedanken, mit Worten oder durch Taten schaden. Das allein genügt jedoch nicht. Wir müssen Liebe in die Tat umsetzen. Zu Ahimsa gehört auch, dass wir anderen vergeben und sie schützen, vor allem die Schwachen. Es schließt Mitgefühl, Wohltätigkeit und Güte ein, die das Herz reinigen.

Sie verstoßen gegen Ahimsa, wenn Sie andere verachten oder hassen, gegen jemanden Vorurteile hegen, Klatsch verbreiten, wütend werden, lügen, Schmerz oder Sorgen nicht lindern oder die Grobheit anderer billigen. Gewalt in allen Formen ist ein Feind der Weisheit – sie löst nur Leid und Schmerzen aus, sie trennt und teilt. Ein grobes Wort kann die Beziehung zwischen Menschen zerstören, die viele Jahre lang in Liebe vereint waren. Gewalt gegen andere ist die Hauptursache der geistigen Unruhe. Wenn der Gedanke an Gewalt in Ihrem Geist schwingt, richtet er ein Chaos an und drängt Sie, noch mehr Schaden anzurichten. Schützen Sie jedes lebende Wesen nach besten Kräften; fühlen Sie mit einem Wesen, das Schmerzen leidet; lindern Sie Leiden, wenn Sie können. Bewahren Sie stoische Ruhe, wenn Sie beleidigt, kritisiert oder ermahnt werden. Üben Sie keine Rache, grollen Sie niemandem, und vergeben Sie allen.

Satya (Wahrhaftigkeit) macht den Geist friedlich und klar und zeigt ihm die Wahrheit, die Essenz des Seins. Es schließt Selbstbeherrschung, Neidlosigkeit, Vergebung, Mut, Geduld, Beharrlichkeit, Güte und Liebe ein. Es befreit Sie von der Gewohnheit, sich Sorgen zu machen. Ihre Gedanken sollten mit Ihren Worten, Ihre Worte mit Ihren Taten übereinstimmen. Viele Menschen denken, sagen und tun jeweils etwas anderes, und die Folge sind Misstrauen und Feindseligkeit. Gehen Sie aber behutsam mit der Wahrheit um. Wenn sie Schmerzen auslöst, ist sie keine Tugend mehr – brutale Ehrlichkeit ist keine Wahrhaftigkeit. Unehrlichkeit schließt Übertreibung, Lügen, Eitelkeit, Täuschung, Verstellung und gebrochene Versprechen ein. Ihre Folgen sind Spannungen, Sorgen und Abneigung – und eine tief sitzende Furcht vor Entdeckung. Denken Sie daran, dass Sie meist nicht nur einmal lügen. Oft folgt eine Lüge der anderen, und die endlose Reihe von Täuschungen stumpft das Gewissen ab und vergiftet das Unbewusste. Bald überwältigen Sie unruhige Gedanken, und die Meditation wird unmöglich. Wer wahrhaftig ist, der ist sehr mächtig. Swami Sivananda sagte: »Bemühe dich unablässig um Wahrheit, sei bereit, alles für sie zu opfern, und bald wirst du eine große Seele sein.«

OJAS

Ojas ist die subtile Essenz, die uns vital macht. Wir finden Ojas in jeder Zelle, und es ist unentbehrlich für das Immunsystem. Es reguliert die Lebensdauer aller Zellen und hemmt Krankheiten, Alterung und Verfall. Ein Mensch mit starkem Ojas wird selten krank; er ist mitfühlend, kreativ, liebevoll und friedlich.

Um Ojas zu stärken, weichen Sie zehn Mandeln über Nacht in Wasser ein. Am Morgen schälen Sie die Kerne und geben sie zusammen mit einer Tasse warmer Milch in einen Mixer. Fügen Sie eine Prise Kardamompulver, eine Prise frisch gemahlenen schwarzen Pfeffer und einen Teelöffel Honig hinzu, und vermischen Sie das Ganze einige Minuten. Sofort trinken.

Brahmacharya (Beherrschung der Sinne) wird oft mit dem Zölibat gleichgesetzt. In Wirklichkeit geht es darum, alle Sinne im Griff zu haben. Allerdings sollen wir das Sinnliche nicht verdrängen, sondern seine Energie umleiten, sodass eine tiefe Meditation möglich wird.

Nach der Atmung ist die Fortpflanzung der stärkste Impuls in der Natur. Der Drang zur sexuellen Vereinigung ist oft stärker als Weisheit und Vernunft. Die kosmische Energie, welche die Galaxien und die Welt hervorbringt und erhält, ist dieselbe Energie, die ständig im Körper und im Geist schwingt. Diese Lebenskraft, das universelle Prana, manifestiert sich auf der grobstofflichen Ebene als sexuelle Energie. In die richtigen Bahnen gelenkt, verwandelt sich sexuelle und sinnliche Energie in *Ojas,* eine subtile spirituelle Energie, die im Körper – vor allem im Gehirn – gespeichert wird.

Ojas ist die schöpferische Kraft, die vitale Energie und die Dynamik in einem Menschen, der Sinnlichkeit in Spiritualität transformiert hat. Beim Sex geht diese Energie verloren, aber durch Brahmacharya bleibt sie erhalten. Wer Ojas in Fülle besitzt, kann sich intensiv konzentrieren, ist gesund und hat eine magnetische Persönlichkeit, ein strahlendes Gesicht, eine kraftvolle Stimme und viel Lebenskraft. Gerät diese Energie aus dem Gleichgewicht, sind Gier, Leidenschaft, Schwatzhaftigkeit, Schläfrigkeit, Müdigkeit, Reizbarkeit und Konzentrationsschwäche die Folge.

Das Zölibat ist schwer zu verstehen und dem westlichen Geist eher fremd; aber es ist eine uralte und zeitlose Idee aller spirituellen Traditionen der Welt. Jede Tradition hat Anhänger, die auf weltliches Begehren und Sinneslust verzichten. Im Yoga werden Mönche und Nonnen *Swamis* und *Sannyasins* genannt.

Enthaltsamkeit ist jedoch nicht für jeden Menschen geeignet, weil der Geschlechtstrieb sehr stark ist. Bleiben Sie also vernünftig, und berücksichtigen Sie Ihr Alter, ihre Gesundheit und die Tiefe Ihrer Hingabe an ein spirituelles Leben. Brahmacharya bedeutet nicht unbedingt völlige Enthaltsamkeit. Wir sollen vielmehr begreifen, warum es vorteilhaft ist, sinnliche Energie umzuleiten, um die Kraft des Geistes zu steigern. Führen Sie ein ausgewogeneres Geschlechtsleben, meiden Sie Übertreibungen, und denken Sie daran, dass es auch andere Arten der Freude gibt, vor allem selbstloses Dienen, spirituellen Sprechgesang, Gebete und Meditation.

Asteya (Nicht-stehlen) bedeutet, nichts zu nehmen, was uns nicht gehört, und uns nicht mit fremden Federn zu schmücken. Das Verlangen nach dem Besitz anderer raubt uns den Seelenfrieden. Zu Asteya gehört, dass wir Gier und Verschwendungssucht überwinden. Alle Arten von Diebstahl sind die Folge von Gier. Wenn wir Geld horten, zu viel essen, unsere Ressourcen oder die Zeit unserer Mitmenschen vergeuden, mehr behalten oder nehmen, als wir brauchen, dann stehlen wir. Alles, was wir in der Absicht tun, es vor anderen zu verschleiern, gilt als Diebstahl, ebenso die Weigerung zu teilen, was wir haben. Stehlen macht das Gewissen stumpf, steigert die Gier und führt zu Schuldgefühlen und Entehrung. Seien Sie immer ehrlich, und nehmen Sie nur an, was Sie selbst verdient haben.

Aparigraha (Nicht-besitzgierig) heißt, Besitzgier zu überwinden. Es ähnelt Asteya, aber zwischen beiden besteht ein feiner Unterschied. *Steya* (Stehlen) ist die Folge einer falschen Lebensauffassung, die falsches Handeln verursacht. *Parigraha* (Begehren von Besitz) ist die wahre Ursache der Gier; es ist der Durst nach Aufmerksamkeit und Anerkennung, nach dem Besitz anderer Menschen und nach Belohnungen. Dieses Haften entsteht, weil wir die Gesetze des Lebens nicht kennen und weil wir nicht wissen, dass wir ein Teil derselben Existenz sind und daher teilen müssen. Wir brauchen nicht alles herzugeben, was wir besitzen; aber wir sollten auch keinen unnötigen Reichtum anhäufen. Zu viel Besitz erzeugt Anhaften, und daraus entstehen Wut, Eifersucht und Furcht vor Verlusten. Aparigraha bedeutet auch, keine Geschenke anzunehmen, wenn sie teuer sind oder wenn jemand uns damit bestechen oder manipulieren will. Aparigraha erleichtert die Gewaltlosigkeit, Wahrhaftigkeit und Ehrlichkeit; es beseitigt Furcht und Anhaften, macht uns zufrieden und schenkt uns einen klaren Geist und ein Lebensziel. Seien Sie großzügig, und leben Sie selbstlos.

SATSANG

Satsang (»Umgang mit den Weisen«) gilt als eine der wirksamsten Methoden, um spirituelles Wissen aufzunehmen. Satsang kann eine Versammlung in einer Kirche, in einer Synagoge, in einem Tempel oder in einem Haus sein – überall dort, wo man betet und meditiert und die Worte oder die Gegenwart der Weisen und Heiligen zu spüren sind. Wenn Menschen sich treffen, um einen spirituellen Vortrag oder eine Schriftlesung zu hören, um zu beten oder zu meditieren, entstehen starke Schwingungen, von denen alle Anwesenden profitieren. Satsang bringt Frieden und Zufriedenheit, macht das Herz groß und öffnet den Geist. Im Osten werden die Menschen aufgefordert, Heilige zu besuchen, ihren Worten zu lauschen und ihren Rat einzuholen. Die Kraft und die Energie, die wir empfangen, wenn wir solchen Menschen zuhören oder bei ihnen sind oder wenn wir spirituelle Texte lesen, ist unermesslich groß.

Niyamas

Yamas reinigen den Geist und sorgen für gesunde Beziehungen mit der äußeren Welt. Niyamas betreffen das individuelle Verhalten. Sie beseitigen alles Negative, fördern die Tugenden und befreien den Geist von Wut, Stolz, Leidenschaft, Gier und Illusionen. Niyamas regulieren Gewohnheiten und stärken die Willenskraft. Die Niyamas heißen *Saucha* (Reinheit des Körpers und der Umwelt), *Santosha* (Zufriedenheit), *Tapas* (Entbehrungen), *Svadhyaya* (Studium spiritueller Schriften) und *Ishvara Pranidhana* (Unterwerfung unter den göttlichen Willen).

Saucha (Reinheit des Körpers und der Umwelt) beginnt mit einer sauberen Umgebung und Körperpflege durch regelmäßiges Baden oder Duschen, genügend Bewegung, gesunde Ernährung und saubere Kleider. Geistige Reinheit verlangt, dass wir selbstlos dienen, negative Gedanken und Gefühle überwinden, gute Eigenschaften entwickeln, Mantras rezitieren (*Japa*) und die Gesellschaft spirituell gesinnter Menschen suchen (*Satsang*). Saucha hilft uns, Eifersucht, Sorgen, Klatsch und Wut loszuwerden. Freude, Zufriedenheit, Gelassenheit, Harmonie, Güte und Geduld sind Folgen der Reinheit.

Santosha (Zufriedenheit) und wahres Glück finden wir nicht bei äußeren Dingen, sondern innen. Zufriedenheit bringt Frieden und ein erfülltes Leben. Wir nehmen das Leben so, wie es ist, und freuen uns darüber. Nur wenn der Geist frei vom Druck des Verlangens und der Enttäuschung ist, können wir ihn integrieren und läutern. Reinheit geht mit Fröhlichkeit einher. Wenn Sie zufrieden sind, klagen Sie nicht und sehnen sich nicht nach Dingen, die Sie nicht haben; sie kümmern sich nicht darum, was andere von Ihnen denken oder über Sie sagen. Vergleiche, Rivalität und Eifersucht entspringen der Unzufriedenheit, die Ihr Leben vergiftet. Ein abgelenkter Geist ist immer unzufrieden und sucht ständig in der äußeren Welt nach Unterhaltung. Er wird das Opfer von Eifersucht, Klatsch und Vergeltung. Beurteilen Sie Ihren Erfolg im Leben nicht nach Ihrem Besitz, ihrem Status oder Ihrer Intelligenz, sondern danach, ob Sie frei von Verlangen und Süchten sind.

Tapas (Entbehrung) heißt tun, was schwierig ist, und meiden, was einfach ist. Das stärkt den Geist, der wie ein Muskel nur kräftiger wird, wenn er Widerstand überwinden muss. Es gibt körperliches, verbales und geistiges Tapas. Wenn wir fasten, physischen Schwierigkeiten trotzen und Unbequemlichkeit ertragen, nehmen wir körperliche Entbehrungen auf uns. Stille (*Mouna*) und das Äußern nützlicher und wahrer Worte sind verbales Tapas. Wenn wir negative Gedanken durch positive ersetzen, Wut und Hass überwinden, uns nicht beklagen, Beleidigungen hinnehmen und Gelassenheit üben, erdulden wir geistige Tapas. Großes Tapas besteht darin, sich dem Leben mit all seinen Unvollkommenheiten, Grenzen und Fehlern verständnisvoll und zuversichtlich zu stellen. Meditation ist das höchste Tapas. Der Nutzen ist unermesslich groß und schließt Gesundheit, Konzentration, Ausdauer und starke Willenskraft ein.

Svadhyaya (Studium spiritueller Schriften) vermittelt uns das Wissen und die Weisheit der Autoren. Worte können in schwierigen Zeiten gute Gefährten und ideale Lehrer sein. Lesen Sie spirituelle Werke, die Heilige geschrieben haben. Das hilft Ihnen, Ihr spirituelles Interesse wach zu halten und den Geist mit positiven Gedanken zu erfüllen. Wählen Sie ein erhebendes Werk aus, und versuchen Sie, es voll und ganz zu verstehen und in die Praxis umzusetzen. Zum Svadhyaya gehört auch das Rezitieren von Mantras. Das läutert den Geist und beseitigt Zweifel und negatives Denken; es vermittelt uns neue, spirituelle Eindrücke, fördert die Konzentration, stärkt den Glauben und macht den Geist rein.

Ishvara Pranidhana (Unterwerfung unter den göttlichen Willen) bedeutet wörtlich, »in Gott hineingehen«. Es ist praktizierte Hingabe. Das Rezitieren von Mantras, Gebete und das Studium spiritueller Bücher sind Ishvara Pranidhana. Dazu gehört, dass wir Gott verehren, von ihm reden, für ihn leben und ihm die Folgen unseres Handelns opfern. Diese Hingabe öffnet uns der Gnade, und diese fördert die Intuition. Je mehr wir uns Gott unterwerfen, desto spiritueller werden wir. Wenn Sie alles, was Sie tun, dieser inneren Essenz widmen, fühlen Sie sich beschützt und geführt. Mit der Zeit

YOGASCHRIFTEN

Das Wissen, auf dem der Yoga gründet, geht auf die großen Sanskrit-Schriften zurück, die man *Veden* nennt. Man sagt, sie seien den großen Weisen vor Jahrtausenden offenbart worden. Deshalb kann man sie keinen bestimmten Autoren zuschreiben. Die vier Veden sind der *Rigveda*, der *Atharvaveda*, der *Yajurveda* und der *Samaveda*. Sie symbolisieren die spirituellen Erfahrungen und das Wissen, das die *Rishis* (Seher) in tiefer Meditation empfingen.

Zu den Veden gehören die *Upanischaden* (siehe Seite 106). Die nächstwichtigen vier Werke sind die *Itihasas: Ramayana, Mahabharata, Yogavasishta* und *Harivamsa*. Sie verkörpern alles Wissen der Veden, sind aber leichter verständlich. Sie enthalten historische Berichte, Geschichten, Dialoge, Analogien und Gleichnisse und erläutern den Zusammenhang zwischen Yoga und Philosophie, Religion, Recht, Pflicht, Moral und Staatsform. Die Miniatur oben zeigt eine Szene aus dem Ramayana. Die *Bhagavad Gita* (siehe Seite 32) ist im Mahabharata

enthalten. Andere große Yogaschriften sind die *Brahmasutras*, das *Srimad Bhagavatam*, Sankaracharyas *Viveka Chudamani* und Patanjalis *Yogasutras* (siehe Seite 26). Die Lektüre dieser klassischen Werke läutert den Geist und gilt als »indirekter Satsang«, bei dem der Leser mit dem Autor reden und von ihm Inspiration und Rat empfangen kann.

wird Ihre Hingabe bedingungslos, und Sie erfahren tiefen Frieden und totale Freiheit.

LOSLÖSUNG

> *Frei vom Anhaften,*
> *nicht selbstsüchtig, standfest*
> *und begeistert, unberührt von Erfolg*
> *und Scheitern – dieser Mensch*
> *wird rein genannt.*
>
> BHAGAVAD GITA XVIII-26

> *Pflichtbewusstes Handeln*
> *ohne Anhaften, ohne Liebe und*
> *Hass, ohne Verlangen nach Lohn*
> *wird rein genannt.*
>
> BHAGAVAD GITA XVIII-23

Swami Vishnu-devananda im tiefen, andächtigen Gebet während eines Satsangs.

Um erfolgreich zu meditieren, müssen wir dafür sorgen, dass der Geist nicht mehr an guten oder schlechten alltäglichen Dingen und deren Folgen haftet. Das wird Loslösung genannt: Wir klammern uns nicht mehr an das, was wir tun und besitzen. Diesen mentalen Zustand können wir durch die Einsicht fördern, dass Besitz mit Angst vor Verlusten, Leid und Egoismus einhergeht. Was wir tun und haben macht an sich noch nicht unglücklich; doch wenn wir daran haften und uns damit identifizieren, sind Sorgen und Angst unvermeidlich. Sich loslösen heißt nicht, Arbeit, Pflichten oder Verantwortung abzulehnen oder besitzlos zu sein. Wir sollen vielmehr unseren Besitz und unsere Handlungen so nehmen, wie sie sind, ohne sie einem »Ich« zuzuschreiben. Wasser auf einem Lotosblatt bleibt Wasser, und Öl treibt auf dem Wasser, ohne sich zu verändern; ebenso sollten

*Wasser tropft von einem Lotosblatt,
ohne daran zu haften
und ohne sich zu verändern.
So sollen wir arbeiten.*

wir von den Problemen und Freuden der Welt unberührt bleiben. Wer sich mit seinem alltäglichen Tun identifiziert, setzt es auch dann fort, wenn er meditiert. Die Augen mögen geschlossen sein, aber der Geist bleibt ruhelos und beschäftigt sich unaufhörlich mit dem Büro, dem Haushalt, den Freunden und der Familie. Je mehr wir uns von alledem lösen, desto leichter fällt uns die Meditation, weil der Geist still wird – wir haben ihn so geschult, dass er sich jederzeit nach innen wenden kann.

Eine der wirksamsten Methoden, um Anhaften zu überwinden, ist *Karma Yoga,* das selbstlose Dienen. Wir können uns erst dann vollständig vom Äußeren lösen, wenn wir gelernt haben zu dienen. Ein Karma-Yogi kennt das Geheimnis der Arbeit: Er arbeitet um der Arbeit willen, ohne jeden Beweggrund, und opfert sich dadurch dem Wohl des Ganzen, ohne Anhaften und ohne Egoismus. Was erwartet ein Karma-Yogi von seiner Arbeit? Nur die Arbeit selbst. So wird Arbeit zum Gottesdienst, zur Meditation.

Karma Yoga bietet uns mehrere Zugänge zur Arbeit an. Alle schließen das selbstlose Dienen ein und sind anfangs vielleicht schwer zu verstehen. Aber wenn Sie regelmäßig üben, wird Karma Yoga zur Freude und ist sein eigener Lohn. Der erste Weg ist Gleichmut, geprägt von Toleranz und Geduld und der Abwesenheit von Groll und Reue – ohne auf die Idee zu kommen, die Arbeit sei unter unserer Würde. Andererseits dürfen wir auf unsere Arbeit auch nicht stolz sein. Sagen Sie also nicht zu sich selbst: *Ich habe diesem Menschen geholfen, sondern: Dieser Mensch hat mir eine Gelegenheit zum Dienen gegeben, ich bin ihm dankbar.*

Gleichmut ist die Fähigkeit, eine Aufgabe ohne Bedauern und ohne Besitzdenken zu erledigen. Sie denken nicht: *Ich tue dies, nicht aber jenes.* Sie gehen von einer Aufgabe zur nächsten über, ohne zu murren oder sich überlastet zu fühlen. Mahatma Gandhi machte nie einen Unterschied zwischen »niedriger« und »würdiger« Arbeit – für ihn war es äußerst würdig, Latrinen zu säubern. Viele Gebildete kamen in seinen Aschram, um Yoga zu lernen. Sie dachten, er werde

121

ihnen Privatunterricht geben und waren schwer enttäuscht, wenn er sie bat, zuerst die Latrinen zu putzen – sie liefen sofort weg! Gandhi reparierte seine Schuhe selbst, mahlte sein Mehl selbst, webte seine Kleider selbst und übernahm die Arbeit anderer, wenn sie dazu nicht imstande waren.

Der zweite Weg zur Loslösung besteht darin, sich lediglich als Instrument einer höheren Macht zu sehen. Einerlei, was Sie tun, Sie sind nur ein Beauftragter. Dieser Pfad verlangt, den eigenen Willen abzulegen und alles Tun der höheren Macht zu weihen. Denken Sie daran, dass die höhere Macht im Herzen jedes Menschen wohnt und dass Sie in Wahrheit dieser höheren Macht dienen, wann immer Sie anderen dienen. So betrachtet wird jedes Tun heilig.

Der dritte Zugang zur Loslösung öffnet sich, wenn wir ohne Motiv arbeiten, ohne Lohn oder Dank zu erwarten. Die meisten Menschen arbeiten, um Geld, Ruhm, Status oder Macht zu erlangen. Aber erwarten Sie etwas von einem Baby, wenn Sie es versorgen? Versuchen Sie, für andere zu arbeiten, ohne an persönlichen Gewinn zu denken. Arbeiten Sie selbstlos und ohne Eigeninteresse; freuen Sie sich, wenn Sie anderen dienen dürfen – Ihrem Arbeitgeber, Ihrer Familie, Ihren Freunden. Versuchen Sie, nicht einmal Liebe, Wertschätzung, Dankbarkeit oder Bewunderung als Gegenleistung zu erwarten.

Es ist zweifellos schwierig, mit dieser Einstellung zu arbeiten. Doch der Lohn ist groß. Wenn Sie selbstlos arbeiten, reinigen Sie das Herz und machen es größer. Sie werden demütig und innerlich stark. Die Bereitschaft, sich selbst zu opfern, wächst, und Sie überwinden Egoismus und Stolz. Reine Liebe, Sympathie, Toleranz und Gnade wachsen, und Sie sehen das Leben aus einem breiteren Blickwinkel.

Versuchen Sie, sich für das selbstlose Dienen zu begeistern. Karma Yoga setzt ein williges Herz voraus, das der Menschheit dienen will. Seien Sie gütig zu allen, und lieben Sie alle. Arbeiten Sie nicht nachlässig, halbherzig, hastig und lustlos. Übernehmen Sie die Verantwortung für alles, was Sie tun, und konzentrieren Sie sich fest auf

Gandhi beim Weben — eine Studie über Demut und Verehrung.

die Arbeit, bis sie vollendet ist. Das ganze Herz, der Geist und der Verstand sollten bei der Arbeit sein; nur dann ist sie selbstlos. Suchen Sie nach Gelegenheiten zu dienen. Muntern Sie einen traurigen Menschen auf, wischen Sie Schmerzgepeinigten die Tränen ab, vertreiben Sie Sorgen mit liebevollen Worten, bringen Sie Verzweifelte zum Lächeln. Karma Yoga ist das Fundament der Meditation; ohne Karma Yoga gibt es keine Meditation.

KAPITEL NEUN

SPIRITUELLE FÜHRUNG

Wenn wir zu meditieren beginnen, wissen wir oft nicht, worauf wir uns einlassen. Erst wenn der Geist klarer wird und das Bewusstsein sich ein wenig erweitert, erkennen wir, dass wir Rat, Anleitung und Ausbildung brauchen. Ein spirituelles Tagebuch hält unsere Entwicklung fest und ist sowohl Prüfstein als auch Ermutigung. Und wenn wir einen spirituellen Lehrer finden, der uns unterstützt und den Weg ebnet, können wir unser Ziel mit größerer Zuversicht anstreben.

DAS FÜHREN EINES SPIRITUELLEN TAGEBUCHES

Wenn Sie beim Meditieren Fortschritte machen, werden Sie sich Ihrer Stimmungen, Gefühle, Gedanken und Handlungen bewusst. Ihnen wird klar, dass Ihr Wissen über Ihren Charakter und Ihre Persönlichkeit bisher stark von Ihrer getrübten Wahrnehmung verzerrt wurde. Viele Menschen sind Meister darin, andere zu analysieren, zu beurteilen und zu kritisieren. Wir sehen die Fehler und Schwächen sowie – in großzügigen Momenten – die Talente und Vorzüge anderer sehr klar; aber wenn wir uns selbst prüfen, scheint sich ein Schleier der Unwissenheit und Verleugnung herabzusenken.

Selbst wenn wir erst eine Weile regelmäßig meditieren, können wir unser Verhalten besser beobachten (und daraus entsteht der Wunsch, es zu ändern). Anfangs kann das ziemlich entmutigend sein. Wir merken, wie wütend wir sind, wie oft wir uns Sorgen machen, wie verspannt, eifersüchtig und gierig wir sind ... Die Enthüllungen können überraschend, aber auch verwirrend sein. Viele Menschen berichten, dass Sie sich nach einigen Monaten des Meditierens weniger wohl fühlen als zuvor. Vieles, was uns enthüllt wird, macht uns eben nicht glücklich! Doch das ist kein Grund zur Sorge, sondern ein Zeichen des Fortschritts. Alle großen spirituellen Traditionen kennen diese Phase und wissen, wie man mit ihr umgeht, ohne dass sie uns in Verzweiflung stürzt.

Im spirituellen Tagebuch notieren wir unser Verhalten, unsere Charakterzüge und unsere Abneigungen. Das schärft unser Bewusstsein erheblich, und wir können uns mit Problemen, Charakterschwächen und schlechten Gewohnheiten systematisch, sehr wirksam und dennoch mitfühlend auseinander setzen. Das spirituelle Tagebuch, das Sie für sich und Ihren spirituellen Lehrer führen, ist selbst ein vorzüglicher Lehrer. Allmählich erkennen Sie Verhaltensmuster, von denen Sie bisher gar nichts wussten. Sie merken, dass Sie vieles nicht tun, was Sie zu tun glaubten, und dass Sie vieles tun, was Sie Ihrer Meinung nach nicht tun. Viele Menschen sind überrascht von ihrer unregelmäßigen Lebensweise. Vielleicht wird Ihnen klar, wie sehr Ihre Ess- und Schlafgewohnheiten Ihrer Gesundheit schaden. Noch erstaunlicher sind die subtilen und verborgenen Gewohnheiten, die das Tagebuch schon nach wenigen Monaten aufdeckt.

Das spirituelle Tagebuch hilft uns, wahrhaftiger zu werden, weil wir allmählich lernen, unsere täglichen Fehler ehrlich und genau zu beobachten. Es kostet uns viel Energie, Fehler zu verschleiern; jetzt können wir uns in der sicheren Privatsphäre mit ihnen auseinander setzen. Der wichtige erste Schritt besteht darin, mitfühlender und nachsichtiger zu werden – gegenüber uns selbst und, als natürliche Folge, auch gegenüber anderen.

Das Tagebuch hält uns von negativen Gedanken und Handlungen ab und ermahnt uns, auf dem rechten Weg zu bleiben. Vielleicht verzichten Sie auf das zusätzliche Stück Schokolade, den Drink oder die Zigarette, wenn Sie wissen, dass Sie später Ihrem Tagebuch alles beichten mussen. Und vielleicht reagieren Sie in einer bestimmten Situation nicht gereizt oder eifersüchtig.

Das Tagebuch ermuntert uns zu regelmäßigem Üben und erinnert uns daran, dass die Zeit vergeht und dass jeder Tag eine Chance ist, ein neues Leben zu beginnen. Es fordert uns auf, Rhythmus und Regelmäßigkeit ins tägliche Leben und in die spirituelle Praxis zu bringen.

Wir schlagen vor, zunächst Probleme anzupacken, die Sie ohne große Schwierigkeiten bewältigen können. Swami Sivananda legte großen Wert auf genaue Analysen und riet, nur an diesen Details zu arbeiten. Wenn wir uns anfangs nur um kleinere Dinge kümmern, werden wir stärker und können uns später mit größeren Problemen befassen. Setzen Sie sich also keine visionären Ziele, die so gut wie unerreichbar sind. Es ist viel besser, entschlossen an kleinen Zielen zu arbeiten – dann ist die Gefahr geringer, entmutigt aufzugeben, denn die Willenskraft und die innere Stärke nehmen spürbar zu. Sobald Sie Fortschritte machen, können Sie im Tagebuch auch auf größere Schwierigkeiten eingehen.

Fortschritt

Während Sie Ihre Fehler beseitigen, sollten Sie auch verfolgen, wie Ihr Charakter sich entwickelt. Seien Sie jeden Tag mutig, ehrlich, zufrieden und fröhlich. Swami Sivananda empfahl, jeden Monat an einer positiven Eigenschaft zu arbeiten und sie allmählich aufzubauen. Versuchen Sie beispielsweise, einen Monat lang täglich dreimal etwas Gutes zu tun oder fünfmal dankbar oder viermal fröhlich zu sein und dies im Tagebuch festzuhalten. Setzen Sie sich feste Ziele dieser Art, und prüfen Sie, ob Sie regelmäßig daran arbeiten können.

Swami Sivananda war fest davon überzeugt, dass wir ein spirituelles Tagebuch brauchen, um eine Woche mit der nächsten und einen Monat mit dem folgenden vergleichen und uns an neue Situationen anpassen zu können. Er wies darauf hin, dass wir dieses Tagebuch allein zu unserem Nutzen führen, und er ermahnte uns, dabei aufrichtig zu sein und unsere Fehler einzugestehen, um sie später zu beseitigen. Er sagte: »Dein Tagebuch ist dein Leitfaden und Augenöffner. Es gibt dir Trost, Seelenfrieden und Genügsamkeit. Du lernst, wie wertvoll die Zeit ist und wie schnell sie vergeht. Fange sofort an, ein spirituelles Tagebuch zu führen, damit du die herrlichen Früchte genießen kannst.«

Fangen Sie heute noch an!

DAS SPIRITUELLE TAGEBUCH

Die folgenden Tipps helfen Ihnen, ein spirituelles Tagebuch zu führen. Die Tabelle unten rechts zeigt, wie Sie Ihre Fortschritte systematisch erfassen und überprüfen können.

Schlaf

Notieren Sie, wann Sie zu Bett gehen und aufstehen. Wie gut haben Sie geschlafen? Versuchen Sie, regelmäßig schlafen zu gehen und aufzustehen. Gehen Sie nicht spät zu Bett, und stehen Sie früh auf – folgen Sie der Natur. Zu viel Schlaf macht lethargisch, zu wenig Schlaf schwächt das Gehirn.

Asanas und Pranayama

Wie lange haben Sie Asanas und Pranayama geübt? Das sind zwei einfache und wirksame Methoden, um gesund zu bleiben.

Meditation

Wie lange haben Sie meditiert? Zweimal täglich 30 Minuten sollten Sie anstreben. Wenn Sie das nicht schaffen, sind auch 30 Minuten am Tag äußerst nützlich. Meditieren Sie regelmäßig, und lassen Sie, wenn möglich, keinen einzigen Tag aus.

Karma Yoga

Arbeiten Sie, ohne einen Lohn zu erwarten, voller Liebe und Respekt für die Arbeit. Vermerken Sie täglich Ihre Erfolge im Karma Yoga.

Wohltätigkeit

Spenden Sie, wenn möglich, jede Woche ein wenig Geld oder nützliche Dinge. Großzügigkeit öffnet das Herz.

Bewegung

Bewegen Sie sich täglich 30 Minuten, damit Körper und Geist fit bleiben.

Ernährung

Ernähren Sie sich gesund, und notieren Sie Ihre Fehler: Was haben Sie gegessen, getrunken oder geraucht? Wenn Sie die einfachen Ratschläge in diesem Buch befolgen, stärken Sie Ihre Willenskraft und Ihre Gesundheit.

Verhalten

Haben Sie gelogen? Waren Sie eifersüchtig? Haben Sie sich Sorgen gemacht? Wie oft waren Sie wütend? Notieren Sie einen oder zwei Charakterfehler, und arbeiten Sie behutsam, aber diszipliniert an ihnen. Nutzen Sie die in Kapitel vier beschriebenen Methoden. Überwinden Sie zunächst Furcht, die Sorgen auslöst, und Wut, die Reizbarkeit und Ungeduld verursacht.

	MONTAG	DIENSTAG	MITTWOCH	DONNERSTAG	FREITAG	SAMSTAG	SONNTAG	DURCHSCHNITT ODER SUMME
Wann zu Bett gegangen?								
Wann aufgestanden?								
Wie viele Stunden geschlafen?								
Wie viele Minuten Asanas geübt?								
Wie viele Minuten Pranayama geübt?								
Wie viele Minuten meditiert?								
Wie viele Minuten intensiv bewegt?								
Wie viele Minuten Karma Yoga?								
Spenden oder ehrenamtliche Arbeit								
Wie oft gelogen oder wütend gewesen?								
Wie oft besorgt oder unruhig gewesen?								
Wie oft gütig oder großzügig gewesen?								

DIE WAHL EINES SPIRITUELLEN LEHRERS

Grabe nicht viele Brunnen oder
flache Gruben hier und dort,
um Wasser zu finden.
Grabe eine tiefe Grube
an einem einzigen Ort ...
Trinke reichlich
aus einem einzigen Brunnen ...
Folgst du vielen Menschen oder
spirituellen Pfaden,
gerätst du in Verwirrung und
in einen Zwiespalt.
Der Eine rät dir dies,
der Andere jenes.
Höre allen zu, aber folge nur Einem.
Achte alle, aber bewundere
nur Einen.

SWAMI SIVANANDA

Wir wissen, dass wir Rat brauchen, wenn wir neues Wissen erwerben wollen. Bei der Arbeit, beim Sport, in der Freizeit und im Gefühlsleben wenden wir uns an Leute, die uns helfen können. Freunde, Angehörige, Kollegen und Fachleute helfen uns auf dem Weg zu neuem Wissen. Wir vertrauen darauf, dass sie Erfahrung haben und dass ihr Rat notwendig und gut ist. Wir zweifeln nicht an ihm.

Wenn wir unsere Spiritualität vertiefen wollen, ist ein Lehrer ebenfalls unerlässlich, damit wir einige der Herausforderungen und

Hindernisse überwinden, die sich unterwegs einstellen (siehe Kapitel zehn). Swami Sivananda erklärt mit einer schönen Analogie, wie ein Lehrer spirituelles Wissen an den Schüler weitergibt: Um eine Kerze anzuzünden, brauchen wir eine bereits brennende Kerze, und nur eine erleuchtete Seele kann einer anderen Seele Licht spenden.

Wenn wir Fortschritte machen, müssen wir uns vielleicht mit Gefühlen und Gedanken auseinander setzen, die uns neu sind – aber wir wissen nicht, wie. Fragen tauchen auf und bleiben unbeantwortet, wenn niemand uns einen Rat gibt. Möglicherweise resignieren wir sogar, weil wir unsere Zweifel nicht überwinden können; wir lassen uns ablenken und verlieren das Ziel aus den Augen; oder wir verzweifeln, weil wir Fehler oder scheinbar keine Fortschritte machen. Das spirituelle Leben ist voller Herausforderungen, die nur jene kennen, die den Weg seit vielen Jahren geduldig gehen und hart arbeiten, um den komplexen Geist zu ergründen. Der Pfad der Meditation gleicht einer langen Reise. Karten sind rar, und die Wegweiser nicht eindeutig. Wer seine Spiritualität vertiefen will, muss feststellen, dass er sich auf den Verstand und die Willenskraft allein nicht verlassen kann. Das Ich behauptet, dass wir keine Hilfe brauchen, weil wir schlau genug sind, um den Weg selbst zu finden. Vielleicht spiegelt es uns sogar vor, dass wir auf dem Weg – der oft mit einer Rasierklinge verglichen wird – schon recht weit fortgeschritten sind, obwohl wir eben erst begonnen haben. Darum brauchen wir einen Führer.

Ihr Lehrer führt Sie auf dem Weg, warnt Sie vor Problemen und korrigiert Ihre Fehler. Er ist ein Spiegel, der Ihnen die Grenzen Ihres Ichbewusstseins zeigt – ein schmerzlicher, aber notwendiger Prozess. Das schaffen Sie nicht allein. Sie können weder Ihren Rücken noch Ihre Fehler und Irrtümer sehen – das Ich hat gar keine Lust, sie zu sehen. Doch solange Sie sich nicht vom Ichbewusstsein lösen, sind wahre Fortschritte unmöglich.

Selbst wenn Sie einen Lehrer haben, müssen Sie auch auf eigene Faust studieren. Die Lektüre spiritueller Bücher bereichert und inspiriert und ist eine Grundlage für weitere Studien (wie dieses Buch). Doch die klassischen Schriften gleichen einem dichten, trügerischen Wald. Viele sind zweideutig und enthalten widersprüchliche Passagen voller esoterischer Bedeutungen, Querverweise und verborgene Erklärungen. Wir brauchen Anleitungen, um diese Rätsel zu lösen. Sogar einfachere Bücher können das wachsame Auge eines erfahrenen Lehrers nicht ersetzen, einerlei, wie gut sie geschrieben sind.

Manche großen Meister erreichen das Ziel ohne die Hilfe eines Lehrers; aber das ist selten, und wir sollten nicht annehmen, dass wir diese hohe Ebene erreicht haben. Manche können einen Lehrer aussuchen, der nicht mehr im materiellen Körper lebt. Der wahre Lehrer wohnt in unserem Herzen, und die innere Führung ist die höchste Form des Lernens. Allerdings brauchen wir Geduld und Ausdauer, um uns mit dem Göttlichen zu verbinden und die aufrichtige Hingabe zu entwickeln, die Voraussetzung für eine direkte Führung ist. Aber es gelingt, wenn wir ernsthaft üben.

So finden Sie einen Lehrer

Wenn Sie in Gegenwart eines Menschen Frieden finden und seine Worte Sie inspirieren und wenn er Ihre Zweifel ausräumen kann, ist er für Sie ein spiritueller Lehrer. Andere Qualitäten, die ein Lehrer haben sollte, sind Selbstlosigkeit, Gleichmut, Mitgefühl, Bescheidenheit und das Fehlen von Gier, Wut und Lust. Wenn möglich, sollten Sie in derselben Umgebung leben wie er, denn das ist die traditionelle Methode, um spirituelles Wissen zu erwerben. Es ist nicht immer leicht, einen so weit fortgeschrittenen Lehrer zu finden. Aber er sollte den Weg zumindest einige Zeit gegangen sein, eine gewisse Entwicklungsstufe im Yoga und in der Meditation erreicht haben und der Lehre eines erleuchteten Meisters folgen. Die Meditation vor dem Bild eines Erleuchteten inspiriert und läutert den Geist. Wenn Sie ernsthaft nach spiritueller Führung suchen, werden Sie Erfolg haben, manchmal auf unerwartete Weise. Ihr Lehrer kann sogar in Ihren Träumen auftauchen. Meist ist es nicht am schwierigsten, den Lehrer zu finden, sondern den Schüler so zu motivieren, dass er lernen will.

Einmal ging ein Mann zu einem Meister, um von ihm zu lernen. Der Meister erkannte, dass der Mann noch nicht bereit war – er war egoistisch, eitel und unwissend. Der Meister bot ihm eine Tasse Tee an. Er goss ein und goss immer weiter, bis die Tasse überlief. Verärgert rief der Besucher: »Du verschüttest Tee auf meiner Hand!« Der Meister erwiderte: »Diese Tasse ist wie dein Geist – schon voll. Leere deinen Geist, damit er Wissen aufnehmen kann!«

In der alten Zeit waren die Schüler gegenüber ihren Lehrern demütig und geduldig. Heute wollen wir sofort Ergebnisse sehen. Wir verlangen eine Zauberpille, die uns zu Experten der Meditation macht. Aber die Natur lehrt, dass jedes Wachstum Zeit und Geduld voraussetzt. Im spirituellen Leben gibt es keine Abkürzungen.

Die Beziehung zwischen Lehrer und Schüler gründet auf liebevollem Respekt und spirituellem Verständnis. Sie ist eng und heilig. Sie wollen Ihrem Lehrer das Herz öffnen, und diese Fähigkeit, zu vertrauen und sich zu öffnen, beschleunigt den spirituellen Fortschritt erheblich. Der Lehrer hat die Aufgabe, Sie zu führen, zu ermutigen und liebevoll zu unterstützen. Aber er kann Ihnen die Arbeit nicht abnehmen. Sie müssen Ihren Geist selbst läutern.

KAPITEL ZEHN

PROBLEME BEIM MEDITIEREN

Das Meditieren wird viel leichter, wenn Sie die Probleme kennen, die dabei auftreten können. In diesem Kapitel wollen wir einige dieser Schwierigkeiten näher betrachten und zeigen, wie Sie damit fertig werden.

Sie wissen bereits, dass die Meditation eine tiefe Innenschau voraussetzt, die ihrerseits Veränderungen der Persönlichkeit, der Lebensweise und der Wertvorstellungen bewirkt. Sie wissen auch, dass Sie ruhig und friedlich werden, wenn Sie Ihr Leben ändern, Ihren Charakter stärken und Fehler beseitigen; und das alles ist notwendig, um erfolgreich zu meditieren. Es kann schwierig sein, das Verhalten und die Persönlichkeit zu ändern; aber betrachten Sie jede Hürde als Prüfung, die den Geist stärkt. Der Geist gewinnt an Kraft, wenn er schwierige Situationen meistert.

Wenn Sie zu meditieren beginnen, taucht meist eine Schicht negativer Gedanken nach der anderen aus dem Unbewussten auf. Reißen Sie diese Gedanken nicht gewaltsam oder plötzlich nach oben, sonst werden sie noch gefährlicher. Negative Gedanken überschwemmen uns erst recht, wenn wir versuchen, sie loszuwerden! Dieses psychologische Gesetz ist als Gesetz des Widerstandes bekannt. Lassen Sie die Gedanken behutsam los, und kehren Sie zum Mantra zurück. Wenn negative Gedanken Sie belasten, wissen Sie, dass der Geist stärker wird, denn früher hätten diese Gedanken Ihnen gefallen. Beobachten Sie den Geist weiter, vor allem wenn er entspannt ist. Wogen der Wut, der Reizbarkeit, der Eifersucht und des Hasses sind die Feinde der Meditation, des Friedens und der Weisheit. In Kapitel drei erfahren Sie, wie Sie solche Gedanken loswerden.

SCHLAF

Schläfrigkeit und Schlaf sind häufige Hindernisse beim Meditieren. Das Schlafbedürfnis nimmt erheblich ab, sobald Sie regelmäßig üben, denn es hat dem Yoga zufolge seelische Ursachen. Darum können Sie die Schlafdauer allmählich verringern. Dank Ihrer Yoga-übungen wird der Geist ruhig, stabil und entspannter, sodass er weniger Schlaf braucht.

Manchmal wissen Sie vielleicht gar nicht, ob Sie eingeschlafen sind oder immer noch meditieren. Während der Meditation ist der Körper leicht und der Geist fröhlich, aber im Schlaf sind der Körper und die Augenlider schwer und der Geist ist trübe. Wenn Sie beim Meditieren einschlafen, können Sie sich kaltes Wasser ins Gesicht spritzen, Atemübungen machen oder fünf Minuten auf dem Kopf stehen (siehe Seite 44) – das wird Sie aufmuntern.

LETHARGIE

Lethargie und Depressionen machen vielen Anfängern beim Meditieren zu schaffen. Manchmal ist die Ursache körperlicher Art, zum Beispiel falsche Ernährung, Verdauungsstörungen, Mangel an Bewegung oder eine unruhige Umgebung. Achten Sie auf Ihre Gesundheit, bewegen Sie sich regelmäßig intensiv, und ernähren Sie sich besser. Meiden Sie anstrengende geistige Arbeit, zu viel oder zu wenig Schlaf und sexuelle Ausschweifungen. Auch eine unausgewogene Lebensweise kann Lethargie auslösen. Bringen Sie Rhythmus in Ihr Leben, indem Sie regelmäßig meditieren, Sport treiben und studieren. Opfern Sie etwas Zeit für wohltätige Zwecke. Das alles belebt den Geist und dämpft seine Neigung, wieder träge zu werden. Körperliche Bewegung sorgt für die Ausgewogenheit, die Sie fürs Meditieren brauchen, und tägliche harte Arbeit sollte für Sie zur Gewohnheit werden. Da Körper und Geist eng miteinander verbunden sind, sollten Sie versuchen, immer fröhlich zu sein. Freude und Gesundheit gehen Hand in Hand.

SCHWATZHAFTIGKEIT

Wenn Sie zu viel reden, schwächen Sie Ihre spirituelle Energie und stören die Meditation. Sprechen verbraucht viel Energie und macht Sie unruhig und nervös. Wenn Sie redselig sind oder intellektuelle Diskussionen schätzen, sollten Sie sich vor unnötigem Geplapper hüten, das Sie auslaugt. Die Weisen reden wenig und nur, wenn es notwendig ist.

Um den Geist zu beruhigen und zu disziplinieren, sollten Sie täglich bis zu eine Stunde lang schweigen (*Mouna*) – zusätzlich zur Meditation. Um eine maximale Wirkung zu erzielen, müssen Sie gerade dann üben, wenn die Versuchung zu reden am größten ist. Das heißt nicht, dass Sie griesgrämig und unfreundlich sein sollen. Seien Sie vernünftig. Wenn Sie der Versuchung widerstehen, sich bei jeder Gelegenheit zu unterhalten oder in eine Diskussion hineinziehen zu lassen, so ist auch dies Mouna. Es stärkt die Willenskraft und spart Energie.

Wenn Sie zurückhaltend oder schüchtern sind, dürfen Sie Mouna nicht dazu verwenden, Ihre Isolation aufrechtzuerhalten. Mouna dient nur dem Zweck, die Energie, die durch Redseligkeit vergeudet wird, für die spirituelle Praxis zu sammeln, also für Japa, Gebete oder *Svadhyaya,* das Studium spiritueller Schriften (siehe Seite 118–119).

Selbstgerechtigkeit, Überheblichkeit, Starrsinn, Heuchelei und Lügen gehen mit Schwatzhaftigkeit einher. Eine Lüge folgt der anderen, wenn Sie selbstgerecht sind. Wenn Sie Fehler und Schwächen zugeben können, wird der Geist ruhiger und die Meditation einfacher.

NEGATIVE EINFLÜSSE

Negative Einflüsse stören den Seelenfrieden. Schützen Sie sich sorgfältig vor Einflüssen, die Ihnen schaden können, und meiden Sie vor allem Menschen, die lügen oder stehlen, gierig sind, ständig kritisieren oder Klatsch verbreiten. Eine ungünstige Umgebung sowie Musik und Bücher, die Sie unzufrieden machen, lenken den Geist ab, ziehen ihn nach außen statt nach innen und wecken in ihm

Begierden, die er normalerweise nicht hegt. Geben Sie sich nur mit Menschen ab, die nach Höherem streben und Sie inspirieren.

ENTMUTIGUNG

Nach einiger Zeit zweifeln Sie vielleicht am Sinn der Meditation. Mangel an Vertrauen entmutigt und ist ein großes Hindernis auf dem Weg zur Entfaltung der Persönlichkeit. Es kann sein, dass Sie daran denken, Ihre Bemühungen zu reduzieren oder ganz aufzugeben. Denken Sie daran, dass es immer Phasen gibt, in denen der Fortschritt scheinbar gering ist. Zweifel sind meist hartnäckig. Wann immer sie sich einstellen, sollten Sie sofort inspirierende Freunde oder Lehrer besuchen und eine Weile bei ihnen bleiben. Ein Gespräch mit Menschen, deren Glaube stark und deren Spiritualität gefestigt ist, vertreibt alle Zweifel. Die Lektüre guter Bücher fördert das Studium und das logische Denken. Mut, Überzeugung und Glaube, der auf Vernunft gründet, lösen jede Verwirrung auf. Vergessen Sie nie, dass Herausforderungen Sie stärker machen. Üben Sie weiter, ohne an das Ergebnis zu denken – Sie werden wachsen, wenn auch allmählich. Aufrichtigkeit, Regelmäßigkeit und Geduld bringen Fortschritte.

WUT

Eines der verheerendsten Hindernisse auf dem Weg zur Meditation ist die Wut, die größte Feindin des Friedens. Wenn Wünsche unerfüllt bleiben, entsteht Wut. Der Geist ist verwirrt, Gedächtnis und Einsicht gehen verloren, und Sie sprechen und handeln unüberlegt und unbeherrscht. Wut schadet dem materiellen und feinstofflichen Körper erheblich – und sie schadet anderen Menschen. Ein einziger Wutausbruch bringt das ganze Nervensystem durcheinander. Wut wird durch Wiederholung stärker und ist schwer zu zügeln, wenn sie zur Gewohnheit geworden ist.

Wenn Sie Ihre Wut in den Griff bekommen, sterben alle anderen Schwächen von selbst ab und der Wille wird allmählich stärker. Beobachten Sie Ihren Geist genau – entdecken Sie Anzeichen für

Reizbarkeit? Wenn Sie oft gereizt sind, sollten Sie bewusst geduldig bleiben, sobald Ihre Laune sich verschlechtert. Dann können Sie Impulse und Emotionen zum Stillstand bringen, ehe sie Form annehmen und sich selbstständig machen. Ihre Worte und Ihr Tonfall sollten immer gemäßigt sein, und wenn Sie während eines Gesprächs wütend werden, brechen Sie es am besten ab und beschäftigen sich mit etwas anderem. Kühles Wasser oder ein forscher Spaziergang helfen ebenfalls. Sprechen Sie bestimmt, aber sanft, denn harte Worte verursachen Ärger. Meiden Sie Zigaretten, Fleisch und Alkohol, denn sie steigern Rajas (siehe Seite 36), das den Geist aufwühlt.

FURCHT

Furcht ist die Emotion, die den Geist und die Fähigkeit zu meditieren am stärksten schwächt. Ständige Furcht – die auch Sorgen hervorruft – raubt Energie, erschüttert das Selbstvertrauen und untergräbt die Leistungsfähigkeit. Furcht ist die Folge einer lebhaften Einbildungskraft; dennoch nimmt sie reale Formen an und macht sich als Furcht vor dem Tod, vor Krankheiten, vor der Einsamkeit oder vor den Menschen bemerkbar. Vor allem die Furcht vor öffentlicher Kritik verhindert Fortschritte beim Meditieren. Es kann sein, dass Freunde, Kollegen und sogar enge Angehörige sich über Sie lustig machen, weil Sie meditieren. Bleiben Sie dennoch standhaft.

HASS

Meditieren Sie über Heilige, Weise und göttliche Inkarnationen. Im Uhrzeigersinn von oben links: Christus, Ramana Maharshi, Guru Nanak, Buddha, Rama Krishna Paramahamsa, Maria und das Jesuskind, Swami Sivananda.

Auch Hass ist einer unserer größten Feinde, wenn wir ernsthaft meditieren wollen. Er ist ansteckend wie eine Krankheit. Hass erzeugt Hass und löst schließlich Kriege aus. Seine Wurzeln reichen oft tief ins Unbewusste. Verachtung, Vorurteile und Hohn sind einige der schlimmsten Formen des Hasses. Konflikte zwischen Katholiken und Protestanten oder zwischen Juden und Christen zeigen, dass Vorurteile jahrhundertelang Streit und Leid verursachen können. Sie können Ihre eigenen Grundsätze und Verhaltensregeln haben und dennoch die Ansichten anderer respektieren. Die Wahrheit ist nicht das Monopol eines Menschen, einer Gruppe oder einer Religion.

Klatsch, Kritik und Werturteile sind einige subtilere Formen des Hasses. Ständig bei anderen Menschen Fehler zu suchen oder sich in ihre Angelegenheiten einzumischen ist eine schlechte Gewohnheit, die den Geist unruhig macht. Seelenfrieden und universeller Frieden sind nur möglich, wenn wir Hass, Vorurteile und religiösen Eifer durch Liebe ersetzen.

SCHWELGEN IN DER VERGANGENHEIT

Wenn Sie meditieren wollen, stellen sich oft lebhafte Erinnerungen an vergangene Ereignisse ein, sogar an solche, die viele Jahre im Unbewussten verborgen waren. Erinnerungen an Gespräche oder liebe Verstorbene wühlen den Geist auf und erschweren die Meditation. Die Phantasie kann die Vergangenheit verzerren und den Geist aus dem Gleichgewicht bringen. Wenn Sie älter werden, neigen Sie häufiger dazu, in vergangenen Zeiten zu schwelgen, und das hindert Sie daran, voll und ganz in der Gegenwart zu leben. Träume von Kindheit, Schulzeit und Jugend sind eben nur Träume, und darum sollten wir sie für immer ruhen lassen. Versuchen Sie, nicht mehr an die nahe oder ferne Vergangenheit zu denken und ganz in der Gegenwart zu leben.

DAS ICH

Das Ich hinter der Maske der Persönlichkeit ist eine der größten Hürden, die wir überspringen müssen, um dauerhaften Frieden zu finden. Die Menschen im Westen, denen beigebracht wird, der Individualität zu huldigen, haben die größte Mühe zu verstehen, warum sie das Ich aufgeben sollen. Das Ich will möglichst viel besitzen und glaubt, vom Rest der Welt getrennt zu sein. Sehr selbstsichere Menschen gelten meist als ichsüchtig, aber auch schüchterne und zurückhaltende Menschen haben ein starkes Ich, das immerzu »mir«, »mich« und »mein« denkt.

Das Ich liebt seine Ideen und Impulse und verabscheut den Wandel. Heuchelei, Übertreibung und Verschlossenheit sind Züge eines dominanten Ichs. Ein mächtiges Ich trügt den Verstand. Wir lügen, um Fehler zu vertuschen, unseren Status zu bewahren, unsere Wünsche zu befriedigen oder schlechte Gewohnheiten zu verteidigen. Suchen Sie nach Ausreden, um Fehler und Schwächen zu rechtfertigen? Vielleicht haben Sie keine Ahnung, welche Folgen Egoismus haben kann. Menschen mit aufgeblähtem Ich wissen oft nicht, was sie meinen, und meinen nicht, was sie sagen. Da sie nur an sich denken, merken sie nicht, was in ihrem Kopf vorgeht.

Schauen Sie nach innen, und akzeptieren Sie Ihre Schwächen. Seien Sie nachsichtig und mitfühlend, wenn Sie Aspekte Ihrer Persönlichkeit entdecken, die Ihr Ich lieber nicht sehen will. Vollkommenheit können Sie in diesem Stadium nicht erwarten, und wenn Sie Fehler eingestehen, haben Sie den Kampf schon halb gewonnen, denn was Sie akzeptieren, können Sie ändern. Wenn Sie regelmäßig meditieren und fest entschlossen sind, den Egoismus zu beseitigen, wird Ihr Wille stark und selbstlos. Arbeiten Sie beharrlich und hingebungsvoll, und Sie werden bald positive Veränderungen in Ihrer Persönlichkeit und in Ihrem Verhalten bemerken.

KAPITEL ELF

WENN DIE MEDITATION TIEFER WIRD

Spirituelle Praktiken werden oft mit übersinnlicher Wahrnehmung verwechselt. In diesem Kapitel gehen wir kurz auf einige besondere Phänomene ein, die beim Meditieren auftreten können, denn manche Menschen sind darüber ziemlich bestürzt. Yogameister weisen darauf hin, dass übersinnliche Phänomene nicht das Ziel der Meditation sind, dass wir uns von ihnen nicht ablenken lassen dürfen – und dass wir sie vielleicht nie erleben. Es handelt sich um ganz natürliche Vorkommnisse, und sie sollten auch so behandelt werden. Sie zeigen, dass der Geist und das Bewusstsein wachsen.

Wenn Ihre Meditation tiefer wird, dürfen Sie sich jenen, die einen anderen Weg gehen, nicht überlegen fühlen. Spiritueller Hochmut und Selbstzufriedenheit sind heimtückische Formen der Arroganz, der wir im täglichen Leben begegnen. Spirituelle Heuchelei, eine ähnliche Schwäche, kann ebenfalls auftreten, wenn Sie Fortschritte gemacht, aber ihre Fehler noch nicht überwunden haben. Vielleicht täuschen Sie etwas vor, was Sie nicht sind, und machen aus Ihrer Spiritualität eine ausgeklügelte Show. Aber wenn wir den spirituellen Weg gehen, können wir keinen größeren Fehler machen, als Menschen auszunutzen, die uns vertrauen. Die Meister sagen, dass spirituelle Heuchelei viel schlimmer ist als die gewöhnliche, weil sie eine zeitlose Weisheit verhöhnt, und sie ermahnen uns, immer auf Anzeichen eines spirituellen Egoismus zu achten und uns nur als Instrumente des Absoluten zu betrachten. Wir müssen uns bemühen, durch selbstloses Dienen demütig zu werden und noch hingebungsvoller für unser Ziel, unseren Lehrer und das Absolute zu arbeiten.

LICHT

Vielleicht sehen Sie beim Meditieren innere Lichter; sie können weiß und hell, aber auch gelb, rot, blau, grün oder violett sein. Das Licht kann aussehen wie eine kleine Kugel, ein Feuer, ein Blitz, brennende

Holzkohle, Glühwürmchen, die Sonne, der Mond oder die Sterne. Das alles zeigt, dass der Geist stabiler und die Konzentration tiefer wird. Anfangs sind diese Lichter unregelmäßig; sie kommen und verschwinden dann sofort und machen uns froh und glücklich. Mit der Zeit bleiben sie bis zu 30 Minuten lang, je nachdem, wie tief die Konzentration ist. Bleiben Sie aufrecht sitzen, und atmen Sie tief. Manchmal ist das Licht so stark, dass Sie die Meditation abbrechen müssen; aber wenn Sie regelmäßig üben, wird Ihnen dieses Phänomen vertraut, und Sie fürchten sich nicht mehr davor.

INNERE LAUTE

Wenn Sie während der tiefen Meditation mystische innere Laute (*Anahata*-Laute) hören, so ist dies ein Zeichen dafür, dass regelmäßiges Pranayama die Nadis – die feinstofflichen Nervenbahnen – reinigt. Vielleicht hören Sie den Klang einer Glocke, einer Flöte, einer Trommel oder eines Horns oder natürliche Geräusche wie Donner oder das Summen einer Biene. Anahata-Laute sind durch das rechte Ohr zu hören, und sie sind am deutlichsten, wenn wir beide Ohren zuhalten. Setzen Sie sich mit gekreuzten Beinen hin, bedecken Sie die Ohren mit den Daumen, die Augen mit den Zeigefingern und die Nasenlöcher mit den Mittelfingern. Die kleinen Finger legen Sie auf den Mund. Diese Handposition heißt *Yoni-Mudra* (siehe links). Lauschen Sie den mystischen Lauten aufmerksam, denn sie sind Schwingungen des Pranas im Herzen.

VISIONEN DER ASTRALEBENE

Sie können auch Visionen haben, die zur Astralebene gehören – von Göttern, himmlischen Jungfrauen, Engeln, schönen Blumengärten, Flüssen, Bergen und goldenen Tempeln. Vielleicht sehen Sie auch Elementargeister, seltsame astrale Kreaturen, die lediglich Ihren Mut auf die Probe stellen sollen. Die Wesen der Astralebene gleichen denen der materiellen Welt, aber sie tragen keinen physischen Mantel. Auch sie haben Wünsche und Sehnsüchte, ihre subtilen Körper können sich materialisieren und entmaterialisieren, und sie können sich frei bewegen. Diese Wesen wollen Sie ermutigen und prüfen.

Beim Yoni-Mudra verschließen die Finger die Ohren, die Augen, die Nase und den Mund.

VISIONEN VON HEILIGEN

Ihr *Ishta Devata,* der Aspekt des Absoluten, den Sie verehren, kann Ihnen beim Meditieren erscheinen und Sie mit Licht, Glückseligkeit, Wissen und göttlicher Liebe durchfluten. Vielleicht können Sie sich mit ihm unterhalten. Doch sobald Sie das kosmische Bewusstsein erlangt haben, hören diese Gespräche auf. Dann genießen Sie die Sprache der Stille, die Sprache des Herzens.

ASTRALREISEN

Es kann vorkommen, dass Sie sich beim Meditieren vom Körper trennen. Das löst Freude aus, weil Sie einen neuen, leichten Astralleib besitzen, aber auch Angst, weil Sie eine unbekannte Ebene betreten. Anfangs kommt Ihnen Ihr Bewusstsein unterentwickelt vor, wie ein neu geborenes Hündchen, das eben die Augen geöffnet hat. Vielleicht haben Sie das Gefühl, zusammen mit goldenen Lichtern, Objekten und Wesen in der Luft zu schweben und später durch eine Art Röhre sanft in den materiellen Körper zurückzukehren.

Danach werden Sie den Unterschied zwischen dem Leben auf der materiellen und dem Leben auf der astralen Ebene verstehen und den starken Wunsch verspüren, in diesem Bewusstseinszustand zu verharren. Anfangs können Sie nur wenige Minuten auf der astralen Ebene verbringen; aber wenn Sie geduldig, beharrlich und entschlossen meditieren, sind Sie eines Tages imstande, den Körper willentlich zu verlassen und länger auf der Astralebene zu bleiben. Sobald Sie zwei oder drei Stunden dort verbringen können, identifizieren Sie sich nicht mehr mit dem Körper: Sie wissen jetzt, dass Sie nicht der Körper sind, sondern auch außerhalb der materiellen Ebene existieren.

Die Kontemplation über die Schönheit der materiellen Welt hilft uns, den Geist zu erweitern, und überzeugt uns von der Existenz höherer Bewusstseinsebenen.

KAPITEL ZWÖLF

DAS ERWEITERTE BEWUSSTSEIN

Wenn der Geist rein und frei von Ungleichgewichten ist, können Sie tief meditieren. In diesem Zustand nehmen Sie das Objekt, auf das Sie sich konzentrieren, nicht als von Ihnen getrennt war, sondern als reine Gedankenschwingung. Wenn Sie sich auf ein Mantra konzentrieren, vergessen Sie seine Bedeutung und hören seinen groben Klang nicht mehr. Sobald Sie sich mit dem Objekt der Konzentration identifizieren, nehmen Sie es innerlich wahr, und das Wissen über das Objekt stellt sich von selbst ein. Sie geraten in einen subtilen Zustand der transzendenten Glückseligkeit, in dem eine gewisse Dualität zurückbleibt: Sie sind sich noch des Subjekts (Sie) und des Objekts der Konzentration bewusst.

Sobald Sie diesen meditativen Zustand einige Zeit durchhalten, treten Sie ins Samadhi ein, ins glückselige kosmische Bewusstsein, in dem das Subjekt, das Objekt und das geistige Band zwischen beiden eins werden. Sie transzendieren die Sinne, den Verstand und die Gefühle und identifizieren sich vollständig mit dem Objekt der Konzentration. Wenn Sie mit dem Objekt verschmelzen, lassen Sie sogar das reine Denken hinter sich, und alles löst sich in *einem* Bewusstsein auf.

Der Samadhi-Zustand ist keine imaginäre Erfahrung und keine hypnotische Trance. Sie erreichen ihn, wenn das dritte Auge – das Auge der Weisheit sich öffnet. Gier und Egoismus werden dann völlig ausgelöscht, und Sie empfinden einen Frieden und eine Freude, die sich mit Worten nicht beschreiben lassen. Samadhi ist das höchste Ziel der Meditation und des Yoga.

Die Samadhi-Erfahrung transformiert die Persönlichkeit von Grund auf. Sie lernen wahre spirituelle Entspannung kennen und spüren, dass sehr viel spirituelle Energie freigesetzt wird. Sie empfangen Inspiration, Gnade und spirituelle Stärke. Die Einheit aller Dinge

Der Kailas in Tibet ist der heilige Berg der Buddhisten und Hindus und die ewige Wohnung des Gottes Shiva.

Spüre die Stille
Höre die Stille
Taste die Stille
Stille ist die Musik deiner Seele

SWAMI VISHNU-DEVANANDA

wird Ihnen bewusst. Sie verspüren den starken Wunsch und die Bereitschaft, selbstlos zu dienen. Sie lassen das Ich hinter sich und sehen das Selbst in allen Wesen und alle Wesen im Selbst. Das höchste Ziel des Yogi besteht darin, immer in diesem Zustand zu bleiben. Er wird zu seinem natürlichen Zustand, und das Leben wird zu einer ununterbrochenen Meditation. Diesen Zustand nennt der Yoga Selbstverwirklichung.

Als Anfänger haben wir die Aufgabe, an unserem Ziel – der Erweiterung des Bewusstseins – festzuhalten. Der Geist neigt dazu, in seinen alten Trott zurückzufallen.

Jede Reise beginnt mit einem einzigen Schritt. Gehen Sie diesen Schritt auf dem Pfad des spirituellen Wissens, indem Sie *jetzt* zu meditieren beginnen. Nichts auf der Welt kann sich mit dem tiefen Wissen messen, das die Meditation Ihnen bietet. Macht, Reichtum und Ruhm machen nicht glücklich. Tiefer, dauerhafter Friede entspringt allein der Erkenntnis, dass wir alle eins sind, und die Meditation ist das Instrument, das uns diese Einsicht vermittelt.

Lassen Sie uns mit den Worten des erleuchteten Meisters Swami Sivananda schließen. Sie beschreiben das Wissen um die Einheit aller Dinge.

Sieh das Leben als Ganzes. Die Welt ist ein Heim.
Alle sind Angehörige derselben menschlichen Familie.
Niemand ist unabhängig von diesem Ganzen.
Wir stürzen uns selbst ins Elend,
indem wir uns von anderen trennen.
Trennung bedeutet Tod. Pflege kosmische Liebe.
Schließe alle ein.
Zerstöre alle Hindernisse, die ein menschliches Wesen
vom anderen trennen. Schütze das Leben.
Schütze die Tiere.
Alles Leben sei dir heilig.
Dann wird diese Welt ein Himmel des Friedens sein.
Lächle mit den Blumen,
spiele mit den Schmetterlingen und Vögeln.
Sprich mit dem Regenbogen, dem Wind, den Sternen
und der Sonne.
Schließe Freundschaft mit deinen Nachbarn,
mit Hunden, Katzen, Bäumen und Blumen.
Dann führst du ein weites, reiches, erfülltes Leben.
Du erkennst die totale Einheit des Lebens.

SWAMI SIVANANDA

GLOSSAR

A

Agni Sara – die Macht oder Essenz des Feuers; eines der sechs klassischen Kriyas (Reinigungsmethoden)

Ahimsa – das erste der fünf Yamas (Verhaltensregeln); Gewaltlosigkeit

Ajna Chakra – das sechste Energiezentrum; es liegt zwischen den Augenbrauen

Anahata Chakra – das vierte Energiezentrum; es liegt in der Herzgegend

Anahata-Laute – mystische Laute, die man in der Meditation hört

Ananda – spirituelle Glückseligkeit

Anuloma Viloma – abwechselnde Atmung durch je ein Nasenloch; ein Pranayama

Aparigraha – eines der fünf Yamas (Verhaltensregeln); Nicht-besitzgierig

Arati – die Opferung von Licht an einem Altar, heiligen Fluss usw.

Asana – wörtlich »Sitz«; eine Stellung, der dritte Schritt im Raja Yoga

Aschram – eine Einsiedelei; ein Ort, meist in der Natur, an dem Schüler und Lehrer leben und Yoga üben

Asteya – eines der fünf Yamas (Verhaltensregeln); Nicht-stehlen

Astralebene – eine subtile Ebene

Astralleib – ein subtiler Körper, der »Körper des Lichts«, ein Körper des Geistes und der Sinne, aus dem der grobe materielle Körper hervorgeht, mit dem er durch eine astrale Schnur verbunden ist

Astralreise – die zeitweilige Trennung des Astralleibes vom materiellen Körper, die im Traum oder bei der Meditation oder anderen spirituellen Erfahrungen eintritt

Avatar – wörtlich: einer, der herabsteigt; eine Inkarnation Gottes

Ayurveda – wörtlich: Wissenschaft vom Leben; traditionelle indische Medizin

B

Bhagavad Gita – wörtlich: Lied Gottes; eine der wichtigsten Yogaschriften

Bhakti Yoga – Yoga der religiösen Hingabe

Brahmacharya – eines der fünf Yamas (Verhaltensregeln); Beherrschung der Sinne; im engeren Sinn: Zölibat

Brahmamuhurta – die eineinhalb Stunden vor Sonnenaufgang, die für die Meditation am günstigsten sind

Brahman – die Gottheit, das Absolute

C

Chakra – wörtlich: Rad; feinstoffliches Zentrum im Astralleib

Chin-Mudra – eine Handstellung, bei der Daumen und Zeigefinger einander leicht berühren; sie symbolisiert spirituelles Wissen

D

Devata – eine Gottheit oder göttliche Macht

Devavani – wörtlich: die Sprache der Götter; ein anderer Name für Sanskrit

Dharana – Konzentration (der sechste Schritt im Raja Yoga); aus der Sanskritwurzel *dhr,* festhalten

Dharma – Rechtschaffenheit; universelles Gesetz

Dhyana – Meditation (der siebte Schritt im Raja Yoga)

E

Ekagrata – »Einpünktigkeit«, höchste Konzentration

Elementargeist – ein Wesen, das auf der Astralebene lebt

G

Gunas – Eigenschaften der Natur

H

Hatha Yoga – *ha* (Sonne), *tha* (Mond); ein Yogasystem, das die subtilen Energien des Körpers zügelt und harmonisiert

I

Ishta Devata – eine Form Gottes, die man verehrt

Ishvara – Gott, wahrgenommen durch das manifeste Universum (im Gegensatz zu Gott als absolutes Bewusstsein)

Ishvara Prandihana – eines der fünf Niyamas (Verhaltensregeln); Hingabe an Gott

J

Japa – Rezitation eines Mantras

Japa Mala – eine Perlenkette, die beim Japa benutzt wird

Jnana Yoga – der Pfad des Wissens

K

Kapalabhati – pumpende Atmung, eine Übung, die sowohl Kriya (Reinigung) als auch Pranayama ist

Karma – eine Tat; das Gesetz des Karma, Ursache und Wirkung als Gesetz

Karma Yoga – der Pfad des selbstlosen Dienens

Kriya – eine Reinigungsmethode

Kshipta – wörtlich: geworfen, zerstreut; Zustand, in dem der Geist abgelenkt ist

Kundalini – eine kosmische Ur-Energie im Individuum

Kundalini Yoga – ein Zweig des Raja Yoga, dessen Ziel das Wecken Kundalinis ist

L

Laya Chintana – wörtlich: Aufgehen; Konzentration auf den Geist mit dem Ziel, ihn mit seiner Quelle verschmelzen zu lassen

Likhita Japa – Mantras schreiben

M

Maha Mantra – wörtlich: großes Mantra; das Mantra OM

Mala – Gebetskranz

Manasika Japa – mentales Rezitieren eines Mantras

Mantra – ein mystischer Laut, der Energie enthält

Mantra Shakti – die Energie in einem Mantra

Meru – die zentrale und meist größte Perle in einer Mala

Mouna – Stille

Mudha – getrübter Geist

N

Nadis – subtile Energiekanäle im Astralleib

Neti-Neti – wörtlich: nicht das, nicht das; eine vedantische Meditation

Nirguna – ohne Eigenschaften

Niruddha – wörtlich: aufgehoben; ein geistiger Zustand, in dem wir alle Gedanken beherrschen

Niyamas – fünf moralische Verhaltensregeln, der zweite Schritt im Raja Yoga

O

Ojas – spirituelle Energie; die Essenz aller sieben Dhatus (Gewebe) im Körper

OM – die heilige Silbe; sie symbolisiert Brahman, das Absolute

P

Padmasana – Lotossitz

Parigraha – Reichtum oder Besitz horten

Patanjali – ein großer Weiser, der die *Raja Yoga Sutras* schrieb, einen der wichtigsten Yogatexte

Prana – Lebenskraft

Pranayama – Beherrschung des Prana; der vierte Schritt im Raja Yoga

Pratyahara – Zurückziehen der Sinne; der fünfte Schritt im Raja Yoga

R

Raja Yoga – Yoga in acht Schritten, gründet auf Meditation

Rajas – eine der drei Eigenschaften oder Gunas; Aktivität

Rishi – ein Seher der Wahrheit

S

Sabdabrahman – Brahman als Laut; die kausale Schwingung des Universums

Sadhana Shakti – eine Energie, die durch spirituelle Praxis (Sadhana) aktiviert wird

Saguna – mit einer Form

Sahasrara Chakra – das siebte Chakra im Astralleib; es liegt oben am Kopf

Sakshi Aham – wörtlich: »Ich bin ein Zeuge«

Sakshi Bhav – losgelöstes Beobachten der eigenen Gedanken

Samadhi – der überbewusste Zustand, der als Glückseligkeit erlebt wird

Samskara – Eindruck; Neigung

Sannyasin – Mönch oder Nonne; ein Mensch, der in völliger Entsagung lebt

Sanskrit – »Sprache der Götter«; gilt als eine der ältesten Sprachen der Welt; die Sprache der Yogaschriften

Santosha – eines der fünf Niyamas (Verhaltensregeln); Zufriedenheit

Satsang – die Gesellschaft weiser oder spirituell gesinnter Menschen

Sattva – eine der drei Gunas (Eigenschaften); Reinheit und Licht

Satya – eines der fünf Yamas (Verhaltensregeln); Wahrheit

Saucha – eines der fünf Niyamas (Verhaltensregeln); Reinheit

Shakti – kosmische Energie

Siddhasana – wörtlich: Stellung des Adepten; eine der Sitzstellungen beim Meditieren

Sonnengeflecht – ein Hauptnervengeflecht im Körper und sein Hauptenergiezentrum; es liegt unter dem Magen

Steya – Diebstahl

Sukham Sthiram – wörtlich: eine bequeme und stabile Stellung;

Beschreibung der meditativen Stellung in den *Raja Sutras*

Sutra – wörtlich: Faden; Vers, Aphorismus

Svadharma – persönliche Pflicht (Dharma)

Svadhyaya – eines der fünf Niyamas (Verhaltensregeln); Studium der Schriften; Innenschau

Swami – Mönch oder Nonne; wörtlich: Besitzer, Herr, Führer

Swami Sivananda – einer der größten modernen Weisen Indiens; die Inspiration hinter den Sivananda Yoga Vedanta Zentren; Lehrer von Swami Vishnu-devananda

Swami Vishnu-devananda – Gründer der Sivananda Yoga Vedanta Zentren; weltberühmter Lehrer und Autor von *Meditation and Mantras* und des Bestsellers *The Complete Illustrated Book of Yoga*

T

Tamas – eine der drei Eigenschaften oder Gunas; Trägheit, Trübheit, Dunkelheit

Tapas – wörtlich: Feuer; eines der fünf Niyamas (Verhaltensregeln); Entbehrung

Tratak – Starren; ein Kriya (Reinigungsmethode) und eine Konzentrationsübung

U

Upamsu Japa – Flüstern eines Mantras

Upanischaden – offenbarte Schriften der *Veden;* sie enthalten die Essenz der Vedanta-Philosophie

V

Vaikhari Japa – hörbares Rezitieren eines Mantras

Varna – Farbe

Vedanta – wörtlich: Ende der *Veden;* höchste Philosophie auf der Basis der Upanischaden

Veden – die ältesten Schriften Indiens

Vikshipta – Zustand teilweiser Konzentration

Vritti – Gedankenwelle

Y

Yamas – moralische Verhaltensregeln; der erste Schritt im Raja Yoga

Yoga – wörtlich: Einheit; die Einheit der individuellen Seele mit der höchsten Seele; System aus spirituellen Disziplinen, das diese Einheit anstrebt

Yogasutras – Aphorismen über Yoga, zusammengestellt von einem Weisen namens Patanjali

Yogi – ein Mensch, der Yoga praktiziert oder erreicht hat

Yoni Mudra – Handstellung, die ein besonderes Energiemuster erzeugt, das Konzentration ermöglicht

SCHLÜSSEL ZUR TRANSKRIPTION AUS DEM SANSKRIT

अ	*a*	glatt	ग	*ga*	gehen	ध	*dha*	Adhäsion[7]
आ	*ā*	Vater	घ	*gha*	Flughöhe	न	*na*	Name
इ	*i*	mit	ङ	*ṅ*	singen	प	*pa*	Post[8]
ई	*ī*	Lied	च	*ca*	Tschad	फ	*pha*	Knappeit
उ	*u*	Luft	छ	*cha*	Kitschhändler	ब	*ba*	Band
ऊ	*ū*	Schule	ज	*ja*	Johnny	भ	*bha*	abhold
ऋ	*ṛ*	purdy[1]	झ	*jha*	Hedgehog[5]	म	*ma*	Musik
ॠ	*ṝ*	(langes **r**)[2]	ञ	*ñ*	España	य	*ya*	ja
ऌ	*ḷ*	call[3]	ट	*ṭa*	Taler	र	*ra*	Drama
ए	*e*	See	ठ	*ṭha*	Anthrazit	ल	*la*	Leim
ऐ	*ai*	Mai	ड	*ḍa*	dunkel	व	*va*	Vase
ओ	*o*	Hoh	ढ	*ḍha*	Adhäsion	श	*śa*	Schein[9]
औ	*au*	laut	ण	*ṇa*	Bahn	ष	*ṣa*	zischen[10]
क	*ka*	kalt[4]	त	*ta*	Straße	स	*sa*	nass
ख	*kha*	Rückhalt	थ	*tha*	Theater[6]	ह	*ha*	Hut
			द	*da*	Da			

1 wie amerikanisch purdy
2 dieses r verlängert den vorausgehenden Laut
3 silbisches dunkles l wie im Englischen (selten)
4 besser wie französisch coup, also nicht aspiriert
5 weiches dsch (wie in Agio) + h
6 aspiriert, also mit deutlichem h
7 das d dental gesprochen (Zungenspitze an den Zähnen wie im Französischen)
8 besser wie französisch peau, also nicht aspiriert
9 palatal gesprochenes s (Zungenspitze am Gaumen)
10 retroflex (mit zurückgebogener Zungenspitze) gesprochenes s

INTERNATIONALE SIVANANDA YOGA VEDANTA ZENTREN UND ASHRAMS
www.sivananda.org   www.sivananda.eu

Die Sivananda Yoga Vedanta Zentren, gegründet 1957 von Swami Vishnudevananda (indischer Yogameister, 1927 – 1993), lehren klassisches Yoga mit ganzheitlichem Ansatz.

Die fünf Grundpfeiler der Yogapraxis sind
* Asanas (Yogaübungen)
* Atemübungen
* Tiefenentspannung
* vegetarische Ernährung
* positives Denken/Meditation

Das Ziel ist ein gesunder Körper, ein ausgeglichener Geist und Seelenfrieden. Denn, wie Swami Vishnudevananda immer wieder betonte: „Gesundheit ist Reichtum, geistiger Frieden ist Glück, Yoga zeigt den Weg."

ASHRAMS
(Yogaurlaubs- und Ausbildungszentren)

ÖSTERREICH
Sivananda Yoga Vedanta Seminarhaus
Bichlach 40
6370 Reith bei Kitzbühel, Tirol
Tel. +43.5356.67 404
Fax +43.5356.67 40 44
E-Mail: tyrol@sivananda.net

FRANKREICH
Château du Yoga Sivananda
26 Impasse du Bignon
45170 Neuville aux Bois
Tel. +33.2.38 91 88 82
Fax +33.2.38 91 18 09
E-Mail: orleans@sivananda.net

KANADA
Sivananda Ashram Yoga Camp
673, 8th Avenue, Val Morin
Quebec J0T 2R0
Tel. +1.819.32 23 226
Fax +1.819.32 25 876
E-Mail: hq@sivananda.org

BAHAMAS
Sivananda Ashram Yoga Retreat
P.O. Box N7550, Paradise Island
Nassau
Tel. +1.242.36 32 902
Fax +1 242.36 33 783
E-Mail: nassau@sivananda.org

USA
Sivananda Ashram Yoga Ranch
P.O. Box 195, Budd Road
Woodbourne, NY 12788
Tel. +1.845.43 66 492
Fax +1 845.43 41 032
E-Mail: yogaranch@sivananda.org

Sivananda Ashram Yoga Farm
14651 Ballantree Lane
Grass Valley, CA 95949
Tel. +1.530.27 29 322
Fax +1.530.47 76 054
E-Mail: yogafarm@sivananda.org

INDIEN
Sivananda Yoga Vedanta
Dhanwantari Ashram
P.O. Neyyar Dam
Thiruvananthapuram Dt. 695 572
Kerala
Tel. +91.471.22 73 093 / 2703
Fax +91.471.22 72 093
E-Mail: yogaindia@sivananda.org

Sivananda Kutir
P.O. Netala, Uttar Kashi Dt.
(near Siror Bridge)
Uttaranchal 249 193, Himalayas
Tel. +91.1374.22 41 59
Oder +91.9411.33 04 95
E-Mail: himalayas@sivananda.org

Sivananda Yoga Vedanta Meenakshi Ashram
Vellayampatti P.O.
Madurai Dist 625 503
Tamil Nadu
Tel. +91.452.29 12 952
E-Mail: madurai@sivananda.org

YOGA ZENTREN

DEUTSCHLAND
Sivananda Yoga Vedanta Zentrum
Steinheilstr. 1
80333 München
Tel. +49.89.70 09 66 90
Fax +49.89.70 09 66 969
E-Mail: munich@sivananda.net

Sivananda Yoga Vedanta Zentrum
Schmiljanstr. 24
12161 Berlin
Tel. +49 30 85 99 97 98
Fax +49 30 85 99 97 97
E-Mail: berlin@sivananda.net

International Sivananda Yoga Centre (affiliiert)
Kleiner Kielort 8
20144 Hamburg
Tel. +49.40.41 42 45 46
Fax +49.40.41 42 45 45
E-Mail: post@artyoga.de

ÖSTERREICH
SivanandaYoga Vedanta Zentrum
Prinz Eugen-Str. 18
1040 Wien
Tel. +43.1.58 63 453
Fax +43.1.58 71 551
E-Mail: vienna@sivananda.net

SCHWEIZ
Centre Sivananda de Yoga Vedanta
1 Rue des Minoteries
1205 Genf
Tel. +41.22.32 80 328
Fax +41.22.32 80 359
E-Mail: geneva@sivananda.net

ENGLAND
Sivananda Yoga Vedanta Centre
51 Felsham Road, Putney
London SW151AZ
Tel. +44.208.78 00 160
Fax +44.208.78 00 128
E-Mail: london@sivananda.net

FRANKREICH
Contre Sivananda de Yoga Vedanta
140 rue du Faubourg Saint-Martin
75010 Paris
Tel. +33.1.40 26 77 49
Fax +33.1.42 33 51 97
E-Mail : paris@sivananda.net

SPANIEN
Centro de Yoga Sivananda Vedanta
Calle Eraso 4
28028 Madrid
Tel. +34.91.36 15 150
Fax +34.91.36 15 194
E-Mail: madrid@sivananda.net

ITALIEN
Centro Yoga Vedanta Sivananda
Via Oreste Tommasini 7
00162 Rome
Tel. +39.06.45 49 6529
Fax +39.06.97 25 93 56
E-Mail: rome@sivananda.org

ISRAEL
Sivananda Yoga Vedanta Center
6 Lateris St.
Tel Aviv 64166
Tel. +972.3.6916 793
Fax +972.3.69 63 939
E-Mail: telaviv@sivananda.org

USA
Sivananda Yoga Vedanta Center
243 W 24th Street
New York, NY 10011
Tel. +1.212.25 54 560
Fax +1 212.72 77 392
E-Mail: newyork@sivananda.org

Sivananda Yoga Vedanta Center
1246 West Bryn Mawr Avenue
Chicago, IL 60660
Tel. +1 773 878 7771
Fax +1 773 878 7527
E-Mail: chicago@sivananda.org

Sivananda Yoga Vedanta Center
13325 Beach Ave, Marina del Rey
Los Angeles, CA 90292
Tel. +1.310.82 29 642
E-Mail: losangeles@sivananda.org

Sivananda Yoga Vedanta Center
1200 Arguello Blvd
San Francisco, CA 94122
Tel. +1.415.68 12 731
Fax +1.415.68 15 162
E-Mail: sanfrancisco@sivananda.org

KANADA
Sivananda Yoga Vedanta Center
77 Harbord Street
Toronto, Ontario M5S 1G4
Tel. +1.416.96 69 642
Fax +1.416.96 61 378
E-Mail: toronto@sivananda.org

Sivananda Yoga Vedanta Center
5178 Blvd St.Laurent Blvd
Montreal, Quebec H2T 1R8
Tel. +1.514.27 93 545
Fax +1.514.27 93 527
E-Mail: montreal@sivananda.org

INDIEN
Sivananda Yoga Vedanta Nataraja Centre
A-41, Kailash Colony
New Delhi 110 048
Tel. +91.11.29 24 08 69
oder +91.11.29 23 09 62
E-Mail: delhi@sivananda.org

Sivananda Yoga Vedanta Dwarka Centre
PSP Pocket, Sector 6
Swami Sivananda Marg (near DAV school)
Dwarka, New Delhi 11 0075
Tel. +91.11.64 56 85 26
E-Mail dwarka@sivananda.org

Sivananda Yoga Vedanta Centre
3/655 Kaveri Nagar
Kuppam Road, Kottivakkam
Chennai 600 041, Tamil Nadu
Tel. +91.44.24 51 16 26
Tel. +91.44.24 51 25 46
E-Mail: chennai@sivananda.org

Sivananda Yoga Vedanta Centre
House no.18, TC 36/1238
Subash Nagar
Vallakkadavu PO, Perunthanni
Tiruvananthapuram 695 008
Kerala
Tel. +91.471.24 51 398
Fax. +91.471.24 65 368
E-Mail: trivandrum@sivananda.org

Sivananda Yoga Vedanta Centre
Plot Nr 23, Dr. Sathar Road
Anna Nagar
Madurai 625 020, Tamil Nadu
Tel. +91.452.25 21 170 / 2634
Fax. +91.452.43 93 445
E-Mail: maduraicentre@sivananda.org

JAPAN
Sivananda Yoga Centre (affiliiert)
Suite 1002
Yoyogi Cityhomes
Sendagaya 5-26-5
Shibuya, Tokyo
E-Mail: beams_tokyo@yahoo.co.jp

URUGUAY
Asociacion de Yoga Sivananda
Acevedo Diaz 1523, #1,
Montevideo 11200
Tel. +598.2.40 10 929
Fax +598.2.40 07 388
E-Mail: montevideo@sivananda.org

ARGENTINIEN
Centro Internaciónal de Yoga Sivananda
Sànchez de Bustamante 2372C.P.
Capital Federal 1425 Buenos Aires
Tel. +54.11.48 04 78 13
Fax +54.11.48 05 42 70
E-Mail: buenosaires@sivananda.org

BIOGRAPHIEN

SWAMI SIVANANDA

Swami Sivananda wurde am 8. September 1887 in einer frommen brahmanischen Familie in Süd-indien geboren. Er war ein lebhaftes Kind und schon in jungen Jahren sehr mitfühlend. Das Kastensystem, das damals strikt eingehalten wurde, lehnte er ab, und als Heranwachsender verstieß er gegen die Etikette, als er bei einem »Unberührbaren« Fechtunterricht nahm – undenkbar zu jener Zeit. Er war ein hervorragender Schüler und wurde im Alter von 23 Jahren Arzt. 1913 reiste er nach Malaysia, wo er zwei Krankenhäuser leitete, die für tausende von indischen Arbeitern auf den Gummiplantagen bestimmt waren.

Zehn Jahre lang diente er Kranken und Armen, dann verließ er Malaysia und sein komfortables Leben als Angehöriger der Mittelschicht und wurde Wanderbettler nach der spirituellen Tradition Indiens. Ein Jahr später legte er die Mönchsgelübde ab. Seine Ernsthaftigkeit, Großzügigkeit und Bescheidenheit, sein echtes Mitgefühl und seine Fröhlichkeit lockten viele Männer und Frauen an, die ein hartes, leidvolles Leben führten und Rat suchten. 1939 gründete Swami Sivananda die Divine Life Society und errichtete seinen Aschram am Ufer des heiligen Flusses Ganges in Rishikesh, Nordindien.

Bis zu seinem Tod lehrte und diente Swami Sivananda nach besten Kräften. Er schrieb über 200 Bücher, war ein inspirierender und kühner Redner und körperlich, seelisch und geistig ein Riese. Viele tausend Menschen auf der ganzen Welt verdanken ihm und den alten Yogalehren ein reiches, erfülltes Leben. Sein Vermächtnis wird heute von der blühenden Divine Life Society in Rishikesh in Ehren gehalten, ebenso von den vielen Organisationen, die seine Schüler in Indien und im Westen gründeten.

Swami Sivananda verließ am 14. Juli 1963 seinen Körper. Er gilt als einer der großen Heiligen im modernen Indien.

SWAMI VISHNU-DEVANANDA

Im Jahr 1957 verließ Swami Vishnu-devananda die Ausläufer des Himalajas, um im Auftrag seines Lehrers Swami Sivananda die Yogalehre im Westen zu verbreiten. 37 Jahre lang arbeitete er unermüdlich als hingebungsvoller spiritueller Lehrer. Er reiste durch die ganze Welt und gründete Zentren und Aschrams, um sein Werk zu vollbringen.

Swami Vishnu-devananda wurde am 31. Dezember 1927 im südindischen Kerala als Swamy Kuttan Nair geboren. Nach der Schule schloss er sich dem technischen Korps der indischen Armee an. Eines Tages fiel ihm eine Broschüre in die Hand, in der es um wahre Spiritualität ging. Der Autor war Swami Sivananda. Swamy Kuttan Nair war so beeindruckt, dass er Urlaub nahm und Swami Sivananda besuchte, einen der großen Heiligen unserer Zeit. Nach seiner Entlassung aus der Armee wurde er für kurze Zeit Lehrer; doch 1947 ließ er sein bisheriges Leben hinter sich, um seinem Ruf zu folgen und in den Sivananda-Aschram in Rishikesh einzutreten. Innerhalb eines Jahres wurde er ordiniert und erhielt den Namen Swami Vishnu-devananda.

Zehn Jahre lebte er im Aschram, und in dieser Zeit wurde er zum ersten Professor des Hatha Yoga an der Yoga Vedanta Forest Academy ernannt. Außerdem war er persönlicher Sekretär von Swami Sivananda und erfüllte mehrere weitere Aufgaben.

1957 verließ er Indien und landete an der Westküste Amerikas. Bald erkannte er, dass die Menschen dort ein hektisches Leben führten und sich weder entspannen noch gesund leben konnten. Also führte er den »Yoga-Urlaub« ein, damit Körper, Seele und Geist dieser Menschen ausruhen konnten. Er gründete mehrere Aschrams und Zentren und lehrte einen integrierten Yoga, wie ihn heute die Sivananda Yoga Zentren unterrichten. Dieses System umfasst die vier Hauptpfade des

Yoga – Bhakti, Jnana, Raja und Karma – sowie die fünf Yogaprinzipien – genügend Bewegung, richtige Atmung, richtige Entspannung, richtige Ernährung, positives Denken und Meditation.

1969 gründete er die True World Order, um die Einheit und das Verständnis zwischen den Völkern der Welt zu fördern. Er entwickelte eine einzigartige Ausbildung für Yogalehrer mit dem Ziel, durch die Grundwerte des Yoga Harmonie in die Welt zu bringen. 1971 machte er Schlagzeilen, als er in seinem kleinen, zweisitzigen Flugzeug um die ganze Welt flog und über Unruheherden Blumen und Flugblätter abwarf. Er unterstützte zahlreiche Feste, Konferenzen, Symposien und Welttouren, die alle zu Frieden und Verständnis aufriefen.

Swami Vishnu-devananda war nicht nur ein inspirierender Lehrer, der sich unermüdlich für den Weltfrieden einsetzte, sondern auch berühmt für seine Bücher *The Complete Illustrated Book of Yoga* und *Meditation and Mantras*. Am 9. November 1993 verließ er seinen Körper. Sein Vermächtnis war eine weltweite Organisation, welche die tradierte, zeitlose Weisheit des Yoga verbreitete.

REGISTER

Kursive Zahlen stehen für Abbildungen

EMPFOHLENE LEKTÜRE

DANKSAGUNG

Bücher von Swami Sivananda
Veröffentlicht von der Divine Life
Society, Rishikesh 1998–2002

Bliss Divine

Commentary on the Bhagavad Gita

Concentration and Meditation

Conquest of Mind

Dhyana Yoga

*How to Cultivate Virtues and
Eradicate Vices*

Japa Yoga

*Life and Works of Swami Sivananda,
Bd. 1-5*

Mind Its Mysteries and Control

Raja Yoga

Sadhana

Science of Pranayama

*Sure Ways for Success in Life and
God Realization*

**Bücher von Swami
Vishnu-devananda**

The Complete Illustrated Book of Yoga,
Three Rivers Press, 1998

Meditation and Mantras,
Om Lotus Publishing, 2000

*Commentary on the Hatha Yoga,
Pradipika,* Om Lotos Publishing, 1997

**BÜCHER VOM SIVANANDA YOGA
VEDANTA ZENTRUM**

The New Book of Yoga,
Ebury Press, 2000

The Yoga Cookbook,
Gaia Books, 1999

Yoga Mind and Body,
Dorling Kindersley, 1998

Learn Yoga in a Weekend,
Dorling Kindersley, 1996

101 Essential Tips of Yoga, Dorling
Kindersley, 1998

Danksagung des Autors
Das Sivananda Yoga Vedanta Centre
dankt Swami Kailasananda (Florence
Aillot) für das Schreiben des Buches
und Padmavati (Penny Collie) für das
vorzügliche Lektorat.
Außerdem danken wir den Models
Swami Krishnapremananda (Emma
Brown), Narayan Chaitanya (Stefan
Barnert), Gopala (Darren Thomas)
und Savitri (Sara Odell).

Danksagungen des Verlages
Gaia Books dankt Swami Kailasananda
für ihre Geduld, ihren Humor und ihren
Sinn fürs Detail beim Schreiben dieses
inspirierenden Buches zusammen mit
Padmavati. Padmavati arbeitete unermüd-
lich als Verlagskoordinatorin und förderte
dieses Buch in allen Stadien.
Wir danken allen Mitgliedern des London
Centre und der Sivananda Yoga Centres
auf der ganzen Welt, die bei diesem
Projekt durch Fotos und anderes Mate-
rial geholfen haben. Besonders danken
wir Swami Krishnapremananda, Gopala,
Savitri und Narayan Chaitanya für die
Fotos ihrer vorzüglichen Asanas.

Bildnachweis *Mit Erlaubnis der British
Library, Add. 15297, Folio 93,119; Bruce
Coleman Collection: 61 (Apfelbaum)
Hans Reinhard, 62 Colin Varndell,
75 (Eichel) Jane Burton, (Eiche) Tore
Hagman; Fausto Dorelli 6; Paul Forrester:
42–51; The Bridgeman Art Library/Getty
Images: 86; John Ittner: 9; Daniele Laberge:
23, 102–103, 143; VHM/DPL/LinkIndia:
91; MKG/DPL/LinkIndia: 125; J M Petit
Publiphoto Diffusion/Science Photo Library:
57; Sam Scott-Hunter: 19, 24-25, 29, 39,
64, 78, 85, 94, 105.*

*Alle anderen Bilder stellten die Autoren
zur Verfügung.*

ARATI

Jaya Jaya Arati Vignavinayaka

Vignavinayaka Sri Ganesha

Jaya Jaya Arati Subramanya

Subramanya Kartikeya

Jaya Jaya Arati Venugopala

Venugopala Venulola

Papavidura Navanita Chora

Jaya Jaya Arati Venkataramana

Venkataramana Sankataharana

Sita Rama Radheshyama

Jaya Jaya Arati Gauri Manohara

Gauri Manohara Bhavani
Shankara

Sambasadasiva Uma Maheshwara

Jaya Jaya Arati Raja Rajeshwari

Raja Rajeshwari Tripura Sundari

Maha Lakshmi Maha Saraswati

Maha Kali Maha Shakti

Jaya Jaya Arati Dattatreya

Dattatreya Trimurti Avatara

Jaya Jaya Arati Adityaya

Adityaya Bhaskaraya

Jaya Jaya Arati Shankaraachaarya

Shankaraachaarya Advaita Guruve

Jaya Jaya Arati Sadguru Natha

Sadguru Natha Sivananda

Jaya Jaya Arati Vishnu-devananda

Vishnu-devananda
Vishnu-devananda

Jaya Jaya Arati Agastya Munaye

Agastya Munaye Sri Rama Priyaye

Jaya Jaya Arati Ayyappa Swamiye

Ayyappa Swamiye Dharma Shastave

Jaya Jaya Arati Jesus Guruve
Moses Guruve, Buddha Guruve

Jaya Jaya Arati Mohammed Guruve
Guru Nanak Guruve

Samasta Guru Bhyo Namah

Jaya Jaya Arati Venugopala

Gebirgsbäche, Seen und frische Luft –
rein und erhebend wie im Himalaja.

SIVANANDA YOGA
Vedanta Seminarhaus & Akademie
Reith bei Kitzbühel, Tirol, Österreich

Bichlach 40
6370 Reith bei Kitzbühel, Tirol
ÖSTERREICH
Tel. +43.5356.67 404
Fax +43.5356.67 40 44
E-Mail: tyrol@sivananda.net
www.sivananda.org/tyrol
www.sivananda.eu

Château du
YOGA SIVANANDA
100 km südlich von Paris, im malerischen Loire-Tal

26 Impasse du Bignon
45170 Neuville aux Bois
FRANKREICH
Tel. +33.2.38 91 88 82
Fax +33.2.38 91 18 09
E-Mail: orleans@sivananda.net
www.sivananda.org/orleans

- Ganzjährig Yoga-Urlaub und Seminare.
  Sie können jederzeit anreisen und beliebig lange bleiben.
- Internationale Yogalehrer-Ausbildungen & Fortgeschrittene Yogalehrer-Ausbildungen
  mit internationalem Abschlusszertifikat
- Yogalehrer-Fortbildungen
- Ayurvedischer Ernährungs-/Kochkurs